2013

中国航运发展报告

The 2013 Report on China's Shipping Development

中华人民共和国交通运输部

Ministry of Transport of the People's Republic of China

人民交通出版社股份有限公司
China Communications Press Co.,Ltd.
北 京 · 2014年

图书在版编目（CIP）数据

2013中国航运发展报告 / 中华人民共和国交通运输部编. -- 北京 : 人民交通出版社股份有限公司, 2014.9

ISBN 978-7-114-11733-6

Ⅰ. ①2… Ⅱ. ①中… Ⅲ. ①水路运输经济—研究报告—中国—2013 Ⅳ. ①F552

中国版本图书馆CIP数据核字（2014）第215165号

书　　名：**2013 中国航运发展报告**
著 作 者：中华人民共和国交通运输部
责任编辑：闻亚伦
出版发行：人民交通出版社股份有限公司
地　　址：（100011）北京市朝阳区安定门外外馆斜街 3 号
网　　址：http://www.chinasybook.com
销售电话：（010）64981400，59757915
总 经 销：北京交实文化发展有限公司
印　　刷：中国电影出版社印刷厂
开　　本：880 × 1230　1/16
印　　张：6.25
字　　数：166 千
版　　次：2014 年 9 月　第 1 版
印　　次：2014 年 9 月　第 1 次印刷
书　　号：ISBN 978-7-114-11733-6
定　　价：200.00 元

编委会

编写说明

本报告在交通运输部的领导下，由交通运输部水运局和上海航运交易所组成的编委会编写完成。交通运输部水运局王明志、易继勇，上海航运交易所张页负责编写的组织工作。

各章撰稿人如下：第1章，郑懿；第2章，莫云萍；第3章，龚伟东、丁雨恬；第4章，刘子佳、朱蓬舟；第5章，周翔、雍升、谭朝阳；第6章，张丽娟；第7章，黄辉、周杰；第8章，汤旭红；附录整理，龚伟东；统稿，陆建国、顾云凤、王岚、易继勇、范永辉。

交通运输部水运局王金文、罗德麟、翁笑冰、李雪莲、易继勇、柳鹏、姚飞、范永辉、陈正才、董天方、赵舟、商辉、张金提、燕飞、张同戌、许贵斌、韦伟、张琳、王常男、王建斌、郭青松、郑清秀、吴琼、王大志、胡明、祝振宇、张善波、李德春、李传光、李永恒、常勤、刘国辉、林军保、周亮、陈盈、胡琳琳，交通运输部综合规划司陈钟、郑文英、付冬梅、余高潮，中国海上搜救中心总值班室卓立，交通运输部海事局张吉庆、邱铭、宋永强，交通运输部救助打捞局张建新、杨金智、杨乐勇、张志军、王军、田辉、王庆果，交通运输部科学研究院王哲、余丽波、梁仁鸿、程长、张子晗、徐瑞光、王望雄，最高人民法院民四庭王淑梅、马琳，中国船舶工业行业协会谭乃芬、李正建，中国船东协会张守国、褚俊生、傅强，中国船舶代理及无船承运人协会邢德彰、刘政新，中国船级社王永滔、江亚峰，中国海事仲裁委员会王英民，中国船东互保协会胡京武、岳岩，上海市金融办薛佳，中国进出口银行方曙华，民生金融租赁股份有限公司刘玮，远东宏信有限公司郑涛，太平洋财产保险公司林大鹏、蔡艳艳等，为本报告提供素材、整理数据，提出了很好的意见和建议。

全书由交通运输部水运局易继勇、范永辉负责主审，形成送审稿，水运局局长宋德星、副局长李天碧、解曼莹、李宏印、王明志、杨华雄，综合规划司副司长张大为复核定稿。

本报告中有关航运政策的内容，是对部分现行法律、法规和政策的解释，是了解中国航运政策的重要线索，在必要时请查阅、使用相关的法律法规和政府文件。

今年继续同时发行本报告的全英文版。英文翻译由上海航运交易所组织，由蔡永良、耿强、陈梅玥、李强、姚雯利，陈云艳、朱凌燕完成，审校由何绍斌、王大伟完成。

目录

表

2013
CHINA

第1章
中国航运综述

1.1　2013 年水路运输生产情况

2013年，世界经济继续缓慢复苏，运输需求增长放缓。在中央稳增长、调结构、促改革、惠民生的决策部署下，我国经济运行总体平稳增长，全国水路货运量、货物周转量、港口货物吞吐量继续保持增长；水路客运量、旅客周转量平稳增长。

● 水路运输

2013年，全国水路完成货运量55.98亿吨、货物周转量79435.65亿吨公里，按可比口径分别比上年增长10.4%和4.8%，平均运距1419.04公里。沿海运输完成货运量16.47亿吨、货物周转量19216.14亿吨公里，内河运输完成货运量32.39亿吨、货物周转量11514.14亿吨公里，远洋运输完成货运量7.12亿吨、货物周转量48705.37亿吨公里。

2013年，全国水路完成客运量2.35亿人、旅客周转量68.33亿人公里，按可比口径分别比上年增长3.0%和2.9%。其中，沿海客运量完成7032万人，内河客运量完成14659万人，远洋客运量完成1844万人。

● 港口生产

2013年，我国港口生产运行正常，主要生产指标继续保持增长。全国港口完成货物吞吐量117.67亿吨，比上年增长9.2%，增速较上年提高1.9个百分点。其中，沿海港口完成75.61亿吨，内河港口完成42.06亿吨，分别比上年增长9.9%和7.9%。全国港口完成旅客吞吐量1.85亿人，比上年下降4.8%。其中，沿海港口完成0.78亿人，内河港口完成1.07亿人，分别比上年下降1.2%和7.3%（见表1.1）。

1. 主要货类吞吐量增速加快

2013年，全国港口完成干散货吞吐量69.10亿吨，比上年增长9.8%，增速较上年提高2.4个百分点；集装箱吞吐量（按重量计算）21.85亿吨，增长10.3%，增速提高2.9个百分点；液体散货吞吐量9.48亿吨，增长4.6%，增速提高5.1个百分点；件杂货吞吐量11.67亿吨，增长9.6%，增速提高5.0个百分点；滚装汽车吞吐量（按重量计算）5.57亿吨，增长4.5%，增速回落5.7个百分点。干散货、集装箱、液体散货、件杂货和滚装汽车在港口货物吞吐量中所占比重分别为58.7%、18.6%、8.1%、9.9%和4.7%。

干散货货种中，煤炭及制品吞吐量21.73亿吨，金属矿石吞吐量16.70亿吨，矿建材料吞吐量16.31亿吨，分别比上年增长8.9%、11.4%和9.2%，增速较上年分别提高6.2个百分点、3.1个百分点和回落1.0个百分点。

2. 外贸货物吞吐量平稳增长

2013年，全国港口完成外贸货物吞吐量33.60亿吨，比上年增长9.9%。其中，沿海港口完成30.57亿吨，比上年增长9.7%；内河港口完成3.03亿吨，比上年增长11.8%。

3. 集装箱吞吐量增速继续下滑

2013年，我国港口集装箱吞吐量保持增长，但增速继续回落。全国港口集装箱吞吐量1.90亿TEU，比上年增长7.2%，增速较上年回落1.2个百分点。其中，沿海港口完成1.70亿TEU，增长7.4%，增速回落0.6个百分点；内河港口完成2053万TEU，增长5.3%，增速回落7.0个百分点。

2013年全国港口吞吐量统计　　表1.1

指标名称	单位	2012年	2013年	比2012年增长（%）
1. 全国港口货物吞吐量	万吨	1077604	1176705	9.2
沿海	万吨	687975	756129	9.9
内河	万吨	389629	420576	7.9
2. 全国港口外贸货物吞吐量	万吨	305630	335965	9.9
沿海	万吨	278552	305686	9.7
内河	万吨	27078	30278	11.8
3. 全国港口集装箱吞吐量	万TEU	17747	19021	7.2
沿海	万TEU	15797	16968	7.4
内河	万TEU	1950	2053	5.3
4. 全国港口旅客吞吐量	万人	19405	18470	-4.8
沿海	万人	7879	7780	-1.2
内河	万人	11527	10690	-7.3

● **外贸运输**

1. 原油进口量继续平稳增长

随着国内经济稳步增长，国内炼厂装置规模扩大，原油进口渠道不断拓宽，进口量继续平稳增长。2013年，规模以上港口接卸进口原油2.67亿吨，比上年增长6.4%。

2. 金属矿石进口量增速加快

2013年，我国粗钢产量继续增加，生产、供应均维持较快的增长步伐。金属矿石进口量继续快速增加，全年规模以上港口接卸进口金属矿石10.21亿吨，比上年增长12.6%，增速比上年提高1.7个百分点。

3. 煤炭及制品进口量增速放缓

2013年，国际市场煤炭价格仍具有优势，但内外贸煤炭价格价差缩小，煤炭进口量继续增长，但增速放缓。全年规模以上港口接卸进口煤炭及制品3.01亿吨，比上年增长19.5%，增速回落10.3个百分点。

4. 粮食进口量小幅增长

2013年，规模以上港口外贸粮食吞吐量完成8091万吨，比上年增长6.7%。其中，接卸进口粮食7993万吨，比上年增长6.8%；发运出口粮食减少，完成98万吨，比上年下降5.7%。

● **内贸运输**

2013年，全国沿海港口内贸货物吞吐量完成42.57亿吨，比上年增长9.4%。主要货种中，煤炭发运量和金属矿石接卸量增长，原油水运量继续下降。上半年，沿海散货运输市场形势低迷，运价低位徘徊，并屡创新低。下半年，煤炭交易活跃，下游运输需求增加，加之受气候等因素影响，船舶压港严重，有效运力大幅缩减，运输市场行情快速反弹。上海航运交易所发布的中国沿海（散货）综合运价指数全年平均为1125.92点，比上年上涨2.5%。

全国内河港口内贸货物吞吐量30.68亿吨，比上年增长7.5%。主要货种中，煤炭发运量和金属矿石接卸量保持小幅增长，原油水运量与上年基本持平。长江航务管理局发布的长江干散货综合运价指数全年平均为674.85点，比上年下跌1.5%，干散货运输行情总体继续下滑。

● **集装箱运输**

外贸出口平稳增长，主干航线运输需求呈现一定程度的复苏，但运力持续增长，全年市场运价总体呈现震荡下行的态势。2013年，我国规模以上港口完成国际航线集装箱吞吐量10060.44万TEU，比上年增长2.8%。上海航运交易所发布的中国出口集装箱综合运价指数全年平均为1081.80点，比上年下跌7.6%。

我国内支线运输需求继续增长，但增速放缓。全国规模以上港口完成内支线集装箱吞吐量1941.13万TEU，比上年增长9.5%，增速比上年回落10.8个百分点。其中，沿海完成1422.41万TEU，比上年增长12.0%；内河完成518.72万TEU，比上年增长3.2%。

我国内贸集装箱运输市场平稳增长。全年规模以上港口完成内贸集装箱吞吐量6940.38万TEU，比上年增长13.3%。其中，沿海完成5782.30万TEU，比上年增长14.7%；内河完成1158.09万TEU，比上年增长6.6%。

1.2　中国水运基础设施建设

截至2013年底，全国港口拥有生产用码头泊位31760个，比上年底减少102个。其中，万吨级及以上泊位2001个，比上年底增加115个。内河航道通航总里程12.59万公里，比上年末增加858公里。等级航道6.49万公里，占总里程的51.6%，比上年末提高0.6个百分点，等级航道中，三级及以上航道1.02万公里，五级及以上航道2.76万公里，分别占总里程的8.1%和21.9%，分别比上年末提高0.2个百分点和0.8个百分点。

● **沿海基础设施建设**

沿海港口新建及改（扩）建码头泊位125个，新增吞吐能力30597万吨，其中万吨级及以上泊位新增吞吐能力27163万吨。截至2013年底，全国沿海港口生产用码头泊位5675个，比上年底增加52个，其中，万吨级及以上泊位1607个，比上年底增加90个。

沿海港口大型化、专业化码头建设继续推进，码头结构进一步优化。深圳港盐田港区集装箱码头扩建工程、营口港鲅鱼圈港区30万吨级矿石码头工程等项目通过竣工验收。

● **内河基础设施建设**

内河港口新建及改（扩）建码头泊位164个，新增吞吐能力9271万吨，其中，万吨级及以上泊位新增吞吐能力4316万吨。新增及改善内河航道里程866公里。截至2013年底，我国内河港口生产用码头泊位26085个，比上年底减少154个，其中，万吨级及以上泊位394个，比上年底增加25个。

2013年，内河水运建设加快推进，九江港城西港区集装箱码头一期工程、长江下游马当河段航道整治一期工程等建设项目通过竣工验收。

1.3 中国航运船队

● **运输船队规模**

截至2013年底，全国拥有水上运输船舶17.26万艘、24401.03万载重吨，分别比上年末减少3.4%和增长6.8%；船舶平均载重吨位1414.11载重吨，比上年末增长10.5%；载客量103.30万客位，比上年末增长0.8%；集装箱箱位170.16万TEU，比上年末增长8.1%。

水上运输船舶中，远洋运输船舶2457艘、7366.60万载重吨，分别比上年末减少1.2%和增长6.1%；沿海运输船舶11024艘、6818.78万载重吨，分别比上年末增长0.7%和4.5%；内河运输船舶15.91万艘、10215.65万载重吨，分别比上年末减少3.7%和增长8.9%（见表1.2）。

全国拥有水上运输船舶（截至2013年12月31日） 表1.2

	总运力			远洋		沿海		内河	
	2012年	2013年	比2012年增长（%）	2012年	2013年	2012年	2013年	2012年	2013年
艘数	178591	172554	-3.4	2486	2457	10947	11024	165158	159073
万载重吨	22848.62	24401.03	6.8	6943.79	7366.60	6523.25	6818.78	9381.58	10215.65
载客量（万客位）	102.51	103.30	0.8	1.95	2.04	18.90	19.56	81.65	81.70
集装箱箱位（万TEU）	157.36	170.16	8.1	115.66	117.66	22.72	28.03	18.98	24.47

● **航运企业**

截至2013年底，中国远洋运输（集团）总公司总运力达695艘、5063.6万载重吨，船队规模继续保持全国第1位；中国海运（集团）总公司和中国外运长航集团有限公司运力规模继续增长，分列第2、第3位，分别比上年增长6.2%和2.2%。在航运市场不景气的大背景下，部分航运企业运力规模出现下降（见表1.3）。

中国主要航运企业经营的船队规模（截至2013年12月31日）　　表1.3

排名	企业名称	艘　数	万载重吨
1	中国远洋运输（集团）总公司	695	5063.6
2	中国海运（集团）总公司	429	2646.6
3	中国外运长航集团有限公司	864	1758.0
4	河北远洋运输股份有限公司	36	554.9
5	山东海运股份有限公司	31	460.7
6	福建国航远洋运输（集团）股份有限公司	55	341.6
7	浙江远洋运输有限公司	13	228.0
8	上海时代航运有限公司	41	227.5
9	上海瑞宁航运有限公司	23	179.4
10	福建冠海海运有限公司	20	152.1
11	浙江省海运集团	36	139.5
12	广东粤电航运有限公司	19	133.7
13	福建交通运输集团有限责任公司	38	133.5
14	神华中海航运有限公司	26	131.0
15	宁波海运集团有限公司	39	126.8
16	广东蓝海海运有限公司	19	115.8
17	新海丰集装箱运输有限公司	66	86.8
18	东莞市海昌船务有限公司	11	77.0
19	上海北海船务股份有限公司	10	75.2
20	江苏远洋运输有限公司	18	64.5

注：福建国航远洋运输（集团）股份有限公司船队规模包含天津国电海运有限公司船队规模

资料来源：上海航运交易所根据各公司报送情况整理

1.4 大陆与台港澳间航运

● 海峡两岸航运

2013年，两岸进出口贸易额1972.8亿美元，比上年增长16.7%。有49艘集装箱船从事两岸间集装箱运输，开辟直航集装箱班轮航线31条，运送集装箱货物204.04万TEU，比上年增长8.5%。两岸海上货物运输量小幅下滑，运送两岸贸易货物和中转货物共计5988.09万吨，比上年减少4.2%（见表1.4）。

两岸旅客运输量首次出现下滑。2013年，从福建沿海至金门、马祖、澎湖以及从厦门、台州至台湾本岛经海上运送的两岸旅客为156.77万人，比上年减少4.6%。

2013年两岸海上直航运输统计 表1.4

	2013年	与2012年比较（%）
贸易额（亿美元）	1972.8	16.7
货运量（万吨）	5988.09	–4.2
集装箱运量（万TEU）	204.04	8.5
客运量（万人）	156.77	–4.6

● 香港航运

香港船舶注册量继续增加。截至2013年底，在香港注册的船舶共计2327艘、8643.5万总吨，分别比上年增长6.1%、9.6%。

抵港船舶艘次减少。2013年，远洋船抵港29920艘次、4.15亿净注册吨，分别比上年减少2.5%、增长0.7%；内河船抵港157630艘次、1.10亿净注册吨，分别比上年减少1.6%、增长2.8%。

港口货物吞吐量小幅增长，集装箱吞吐量继续下滑。全年共完成货物吞吐量2.76亿吨，比上年增长2.6%。其中，抵港货物1.62亿吨，比上年增长4.5%；离港货物1.14亿吨，比上年减少0.9%（见表1.5）。全年共完成集装箱吞吐量2235.2万TEU，比上年下跌3.3%。其中，重箱1925.3万TEU，比上年下跌2.0%；空箱309.9万TEU，比上年下跌10.6%。水运中转比例继续上升，抵港重箱转运比例达71.6%，离港重箱转运比例达71.1%，比重分别较上年上升0.3个和0.5个百分点（见表1.6）。

2013年香港港口货物吞吐量统计 表1.5

单位：亿吨

	2013年	与2012年比较（%）
港口总计	2.76	2.6
抵港货物	1.62	4.5
其中：进口	0.82	9.3
抵港转运	0.80	平

续上表

	2013年	与2012年比较（%）
离港货物	1.14	-0.9
其中：出口	0.37	平
离港转运	0.77	-1.3
海运	1.84	-2.6
河运	0.92	15.0

资料来源：香港特别行政区政府统计处网站

2013年香港港口集装箱吞吐量统计

表1.6

单位：万TEU

	2013年	与2012年比较（%）
港口总计	2235.2	-3.3
抵港集装箱（重箱）	975.4	-0.7
其中：进口	276.6	-2.1
抵港转运	698.8	-0.2
离港集装箱（重箱）	950.0	-3.3
其中：出口	274.5	-5.0
离港转运	675.5	-2.7
重箱	1925.3	-2.0
其中：海运重箱	1435.6	-3.3
河运重箱	489.7	-2.0
空箱	309.9	-10.6

资料来源：香港特别行政区政府统计处网站

● **澳门航运**

2013年，澳门港客运轮渡运输量继续下跌，全年共发出航班69455班、抵达68887班，分别比上年下降0.7%和1.7%。

澳门港离港货船12125艘次、380.9万净注册吨，分别比上年上升4.8%和16.0%。澳门港口集装箱吞吐量小幅增长，全年共完成集装箱吞吐量12.50万TEU，比上年增长4.3%（见表1.7）。

2013年澳门港口集装箱吞吐量统计 表1.7

	2013年	与2012年比较（%）
集装箱吞吐量（万TEU）	12.50	4.3
抵港重箱（万TEU）	7.75	8.1
其中：进口	7.73	8.0
离港重箱（万TEU）	1.38	–3.5
其中：出口	1.38	–3.5
空箱（万TEU）	3.37	–0.6

资料来源：澳门统计及普查局网站

1.5 中国航运管理

● 水运政策制定

积极应对严峻的航运发展形势，深入落实《国务院关于船舶工业加快结构调整促进转型升级实施方案（2013~2015年）》，制定出台了《关于促进航运业转型升级健康发展的若干意见》，实施促进航运业发展的20条措施。调整延续老旧运输船舶和单壳油轮提前淘汰报废更新政策，制定报废更新实施方案和专项资金管理办法。制定出台国际集装箱班轮运价精细化备案制度，实行无船承运业务经营者保证金责任保险和保函制度等政策。与上海市人民政府联合发布《关于落实〈中国（上海）自由贸易试验区总体方案〉加快推进上海国际航运中心建设的实施意见》。

专栏1.1 出台《关于促进航运业转型升级健康发展的若干意见》

为贯彻落实《国务院关于印发船舶工业加快结构调整促进转型升级实施方案（2013~2015年）的通知》（国发〔2013〕29号）精神，按照稳增长、调结构、促发展的总体要求，积极应对当前航运业面临的严峻形势，交通运输部于2013年8月出台《关于促进航运业转型升级健康发展的若干意见》（以下简称《意见》）。《意见》在五个方面提出明确要求：一是淘汰老旧运输船舶，优化运力结构；二是加强政策引导，促进航运业转型升级；三是加强市场监管，创造良好发展环境；四是减轻企业负担，促进企业提高竞争力；五是强化措施，提高服务质量和水平。

专栏1.2　《关于落实〈中国（上海）自由贸易试验区总体方案〉加快推进上海国际航运中心建设的实施意见》

为深入贯彻落实国务院发布的《中国（上海）自由贸易试验区总体方案》，进一步加快推进上海国际航运中心建设，2013年9月，交通运输部和上海市人民政府联合发布了《关于落实〈中国（上海）自由贸易试验区总体方案〉加快推进上海国际航运中心建设的实施意见》（以下简称《意见》）。《意见》明确提出了五项重点任务。

一是扩大开放水平。放宽外商投资国际船舶运输的股比限制；允许外商设立独资企业从事国际船舶管理业务；与金融、贸易等领域扩大开放做好融合；在中国（上海）自由贸易试验区范围内，探索建立航运领域外商投资准入负面清单管理模式，进一步扩大航运服务业对外开放。二是创新航运政策。创新多港区联动机制；实施沿海捎带试点政策，允许中资航运公司利用自有或控股拥有的非五星旗国际航行船舶，先行先试外贸进出口集装箱在国内开放港口与上海港之间（以上海港为中转港）的捎带业务；创新国际船舶登记制度；支持扩大启运港退税政策试点范围。三是拓展中心功能。加快推进国际航运交易发展；完善航运发展基金；加快航运人才、教育、科研发展。四是提升服务水平。加快建设现代航运服务功能平台；鼓励发展邮轮产业经济；做实“软实力”，提升国际影响力。五是加强基础建设。积极有序推进港口基础设施建设；引导港口集疏运机构和功能优化；加快推进安全绿色航运发展；加强和完善国际海运市场监管机制。

● **水路运输服务保障**

加强煤炭、原油、铁矿石、粮食、化肥等国家重点物资运输和春运、黄金周、迎峰度夏等重点时段水路客货运输的组织协调与信息报送工作，圆满完成水路运输保障工作。完善水运经济运行分析机制，加强水运经济运行监测和分析工作。定期发布运价指数和国内沿海跨省运输干散货、集装箱和液货危险品船运力情况分析报告，通过信息引导市场。

组织开展邮轮、游艇发展管理制度研究，制定《关于促进我国邮轮运输业持续健康发展的指导意见》和邮轮、游艇运输管理办法等。加快推进内河船型标准化，发布《“十二五”期推进全国内河船型标准化工作实施方案》，公布全国主要通航水域干流过闸运输船舶标准船型主尺度系列。印发《推进阳光引航提升服务水平工作方案》，提高引航机构服务水平。开展多式联运调研，召开综合运输示范工程海铁联运座谈会，推进联运物联网项目建设，巩固和扩大示范项目成果。做好全国重要内河干线航道、通航建筑物等的通航保障工作。

● **水路运输市场监管**

加强水路运输市场监管，强化国内沿海成品油、化学品和液化气运输市场宏观调控，发布《关于国内液化天然气船舶运输市场准入政策的公告》，规范航运收费项目，开展国内水路运输及水路运输服务业、外商独资船务公司等的年度核查。进一步明确省际水路客运管理政策，加强渤海湾和琼州海峡客滚运输市场管理，确保运输通畅和市场稳定。

规范国际邮轮公司在华经营管理，加强对国际班轮公司涉嫌垄断经营、外国班轮公司违规从事沿海捎带业务、大型干散货船超码头设计规范停靠我国港口的监管。

加快行政管理职能转变，加强事中事后监管。取消“国际船舶代理业务审批”和“国际船舶运输企业兼并收购审核”业务，委托协会开展国际船舶代理企业备案、无船承运人业务受理审核等工作。

● **水上安全和应急管理**

加强运输企业安全生产监督管理。开展长江危险化学品运输安全调研，印发《关于进一步加强长江危化品运输安全管理的通知》。印发《港口危险货物重大危险源安全监督管理办法（试行）》和《关于做好港口危险化学品储存设施安全监管职责交接工作的紧急通知》，组织开展港口危险货物安全管理工作互查，督促各地做好港区储罐安全职责交接工作。研究完善《水路运输易流态化固体散装货物安全管理规定》。加强航道安全管理，开展长江干线、西江航运干线航道安全生产大检查，组织制定长江干线、西江干线、京杭运河、黑龙江干线航道突发事件应急预案。

深入落实《国务院关于同意建立国家重大海上溢油应急处置部际联席会议制度的批复》，对我国沿海重大海上溢油高风险区域进行摸底调查，编制《国家重大海上溢油应急处置预案》。

2013年，共发生运输船舶水上交通事故262起，死亡失踪265人，沉船142艘，直接经济损失3.84亿元，比上年分别下降3.0%、4.3%、13.9%和17.6%。

● **水运建设市场管理**

加强水运建设市场监管，开展年度水运建设市场检查。修订港口与航道工程施工总承包等施工企业资质标准，组织开展2批、共36家水运工程设计与施工企业的资质审查和2批、共210人的港口与航道工程专业一级建造师审核注册。发布《全国水运工程勘察设计建造大师选拔办法》，组织开展2013年度全国水运工程勘察设计建造大师选拔工作。

组织开展年度水运工程标准立项审查，制定出台《海港总体设计规范》等标准规范。委托行业协会开展水运工程和交通运输支持系统部分建设项目初步设计审查和竣工验收技术事务性工作。开展首期《水运工程建设新技术公告》、《水运工程建设新技术推广项目目录》征集和审查。

● **法制建设和航海文化**

稳步推进水路交通运输法制建设。修订出台《国际海运条例实施细则》（交通运输部令2013年第9号）、《船员服务管理规定》（交通运输部令2013年第10号）、《船舶油污损害民事责任保险实施办法》（交通运输部令2013年第11号）、《船员培训管理规则》（交通运输部令2013年第15号）、《海上船舶污染事故调查处理规定》（交通运输部令2013年第16号）、《船舶及其有关作业活动污染海洋环境防治管理规定》（交通运输部令2013年第17号）、《海船海员适任考试和发证规则》（交通运输部令2013年第18号）、《船舶污染海洋环境应急防备和应急处置管理规定》（交通运输部令2013年第19号）和《引航员注册与任职资格管理规定》（交通运输部令2013年第20号）。

配合国务院法制办加快推进《航道法》立法进程，跟踪《鹿特丹规则》批准进展，组织开展《航运法》立法必要性、重大问题和制度设计研究工作。推进《海上人命搜寻救助条例》立法进程，积极推动地方海上搜救立法工作。

加强航海文化建设，在南通成功举办“通江达海、兴海强国”为主题的2013年航海日庆祝系列活动，进一步提升广大民众航海意识、海洋意识和蓝色国土意识。

● **信息化建设与节能减排**

研究制订全国水运行业信息化建设总体方案。开展长江危险化学品运输动态监管信息平台前期研究，制订监管信息平台（一期）建设方案。开展重点物资运输监测信息系统前期研究，制订重点物资运输监测信息系统建设初步方案。组织开发全国水运建设项目开工备案管理系统，实现建设项目开工备案网上办理，推进珠江、京杭运河内河航运综合信息服务系统建设前期工作。

大力推进水运节能减排工作，制定出台《关于推进水运行业应用LNG的指导意见》、《绿色港口等级评价标准》，加快推进LNG动力船舶和港口应用的试点示范工作，组织召开码头油气回收技术国际研讨会并开展试点示范，推广资源节约型和环境友好型港口建设。加强水运绿色低碳标准体系建设，组织开展《船舶液化天然气加注码头设计规范》、《码头船舶岸电设施工程技术规范》等国标和《煤炭矿石码头粉尘控制设计规范》、《船舶能效管理认证规范》等行业标准制订工作。

● **大陆与台港澳航运**

提高两岸海上运输市场开放水平。发布《关于进一步促进台湾海峡两岸海上直航发展政策措施的公告》，在促进两岸邮轮运输发展、支持两岸航运中心建设、客滚运输和车辆互通等方面达成共识。制定出台促进海西交通运输发展和对台先行先试的一揽子政策措施。

加强两岸海运市场监管。实施两岸集装箱运价备案制度；建立两岸海运统计和重点联系企业制度。

深化两岸交流合作，在台湾共同举行两岸海运论坛，在海南举行了首次南海联合搜救桌面演练，"东海救101"大型专业救助船赴台交流访问，首次开展两岸港口青年交流活动。

参加在香港、澳门举行的CEPA高官会，进一步扩大CEPA有关航运方面的开放。

● **国际交流与合作**

2013年，我国继续深化对外海运交流与合作，积极推进双边合作和区域合作。与丹麦、加拿大、韩国、欧盟、美国等举行了年度双边海运会谈。召开中俄界河航道航行管理工作领导小组会议、中朝第51次航行例会和中俄航联委第54次例会。组织做好中俄界河联检。组织举行中德内河第十四轮会谈，积极落实中德集装箱运输绿色航线示范项目合作意向书，召开中德集装箱绿色航线示范项目协调会。参加APEC运输工作组第37、38次会议和IMO便利运输委员会第38次会议。参加第26次东盟海运工作组会议，在《中国—东盟海运协定》框架下探讨拟开辟中国与东盟之间滚装、冷藏船等运输航线。与《亚洲反海盗及武装劫船合作协定》（RECAAP）信息共享中心秘书处联合举办《亚洲反海盗及武装劫船合作协定》反海盗高官会。

1.6　2014年中国航运管理重点

1. 深化水运改革，转变行政管理职能

开展全面深化水运改革调研，积极推进引航、长江干线航道、界河航道和三峡通航建筑物管理体制改革等改革相关工作。结合水运管理实际，加强和改进行业管理。研究制定水运行业管理负面清单制度，进一步取消和下放行政审批事项，对拟取消和下放的事项，抓紧修改相关法律法规和规章，出台政策标准，健全规章制度，确保事中事后监管到位。

2. 实施海运强国发展战略，加快内河水运发展

配合做好国务院出台《关于促进海运业健康发展的若干意见》相关工作，制定出台实施意见，加快推进我国由海运大国向海运强国的转变。创新海运发展政策和制度，提高我国海运的国际竞争力。

深入贯彻国务院建设长江经济带的战略部署，积极推进《"十二五"期长江黄金水道建设总体推进方案》的实施工作，全面落实《加快推进长江等内河水运发展行动方案（2013~2020年）》，加快长江、西江、京杭运河干线航道建设项目、重要河流航电枢纽建设项目的进度。

3. 加强水运市场监管，提升水路运输服务保障水平

加强集装箱运价备案监督检查，重点加大对国际班轮运输、两岸航运、重点水域客运和客滚运输、港口经营等的市场监管。深入推进琼州海峡客滚运输市场整治工作。加强水运建设市场监管，建立重点水运工程建设项目动态管理机制，推进水运建设市场信用体系建设。开展水运建设市场检查工作，进一步加大检查力度和覆盖范围，开展新一轮水运工程设计与施工企业资质标准修订工作。

加强运输组织协调，保障旅客出行安全、顺

畅，做好重点物资水路运输协调工作。继续落实岛际和农村水路客运燃油补贴政策。组织实施老旧运输船舶提前报废更新政策。深入推进水路重点公共基础设施和煤、油、矿、箱等专业化码头建设，加快沿海码头结构加固改造。加强航道养护管理。

4. 加强水上安全监管和应急处置能力建设

强化危险货物运输安全管理。积极推进平安港口建设，研究出台《沿海码头靠泊能力管理规定》。加强港口设施保安人员、港政安全管理人员等队伍建设，加强码头罐区安全生产管理，夯实港口安全管理基础。做好跨临拦河建筑物通航安全影响论证审查，提高通航论证规范化水平，强化后续监管。

5. 积极推进港口行业转型升级

组织研究出台《关于推进港口转型升级的指导意见》，紧紧围绕服务经济社会发展，以加快转变港口发展方式为主线，着力改革创新，调整优化结构，夯实发展基础，拓展港口功能，推进平安港口、绿色港口建设，促进港口提质增效升级。研究出台港口价格调整相关政策。继续推进集装箱铁水联运发展。

6. 推进科技创新和节能减排

落实《关于推进水运行业应用液化天然气的指导意见》，推进港口和船舶能效管理体系的应用，推广带式输送机系统及其他港口机械节能运行控制技术，开展码头油气回收技术试点示范。开展绿色港口等级评价工作。

加快推进水运行业信息化建设。发布水运行业信息化发展思路和总体框架，构建行业数据中心。完成长江危险化学品运输动态监管信息平台建设前期工作。建设水路运输建设综合管理信息系统，实现水运行业管理业务的部级数据共享互用。

7. 推进法制建设

继续组织做好《航运法》立法重大问题和制度设计研究。研究出台《国内水路运输管理规定》、《国内水路运输辅助业管理规定》等部门规章。发布《关于促进我国邮轮运输业持续健康发展的指导意见》，积极推进邮轮运输试点示范工作。积极推进《航道法》出台。

8. 深化国际交流与台港澳合作

深化国际海运合作和交流，积极参与双边、多边国际海运事务。与美国、欧盟、韩国、日本、丹麦、加拿大等举行年度双边海运磋商会谈。广泛开展交通应急、海上搜救、防范海盗等国际交流合作。

全面落实《海峡两岸海运协议》，积极构建两岸高效、便捷的海上运输通道。做好内地与香港、澳门更紧密经贸关系安排（CEPA）的协商和实施工作，加强内地与港澳的航运合作。

2013 CHINA

第2章 国际航运

2.1 中国对外货物贸易

2013年，全球经济复苏依然乏力，我国进出口贸易稳中有升。据海关统计，全年全国进出口总值为41603.31亿美元，比上年增长7.6%，增速比上年增加1.4个百分点。其中，出口总值22100.42亿美元，增长7.9%，增幅与上年持平；进口总值19502.89亿美元，增长7.3%，增幅比上年增加3个百分点；全年对外贸易顺差2598亿美元，较上年增加287亿美元。

● 铁矿石进口运输

2013年，我国粗钢产量增幅为7.5%，铁矿石等原材料需求保持较高增长速度。据海关统计，2013年，我国铁矿砂及其精矿进口量为8.19亿吨，比上年增长10.2%，增幅比上年扩大1.8个百分点。

2013年，我国铁矿石海上进口量约占世界铁矿石海运量的67.0%，比上年上涨1.7个百分点。我国规模以上港口接卸进口金属矿石10.21亿吨，较上年增长12.6%（见图2.1）。前10大接卸港口为唐山、日照、青岛、宁波—舟山、天津、连云港、上海、苏州、北部湾、湛江港，完成进口金属矿石接卸量占总量的83.0%。

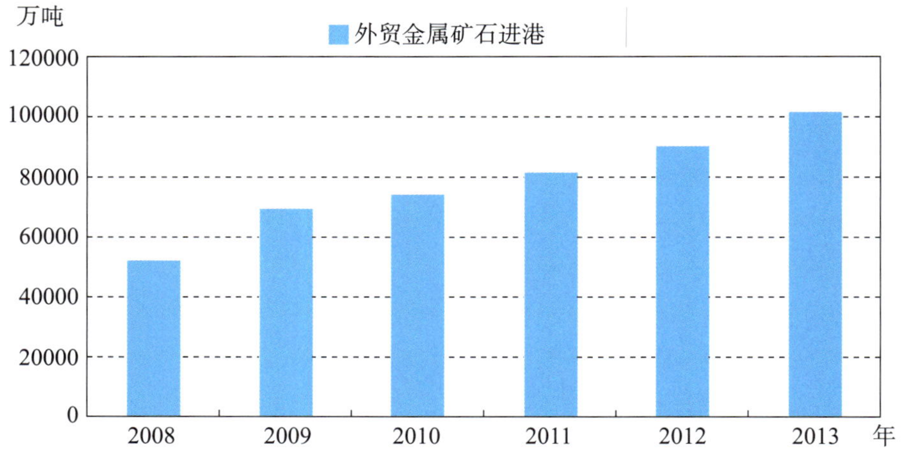

图2.1　2008~2013年全国规模以上港口外贸金属矿石进港量

● **煤炭进出口运输**

2013年，外贸煤炭虽有一定价格优势，但与国内煤炭价格的价差缩小，加之国内限制低热值煤进口，全年煤炭进口量再创历史新高，但增幅收窄。据海关统计，2013年煤及褐煤累计进口3.27亿吨，比上年增长13.4%，增速比上年下降16.4个百分点；煤炭出口量为751万吨，比上年减少19.1%。

2013年，我国海上煤炭进口量占世界煤炭海运量27.0%，比上年上涨3个百分点。规模以上港口接卸进口煤炭及制品3.01亿吨，较上年增长19.5%；发运出口煤炭及制品0.13亿吨，较上年增长10.8 %（见图2.2）。前10大接卸港为北部湾、唐山、宁波—舟山、福州、日照、广州、上海、厦门、虎门、湛江港，完成进口煤炭接卸量占总量的63.9%。其中宁波—舟山港增长较快，从上年第6位上升至今年第3位。

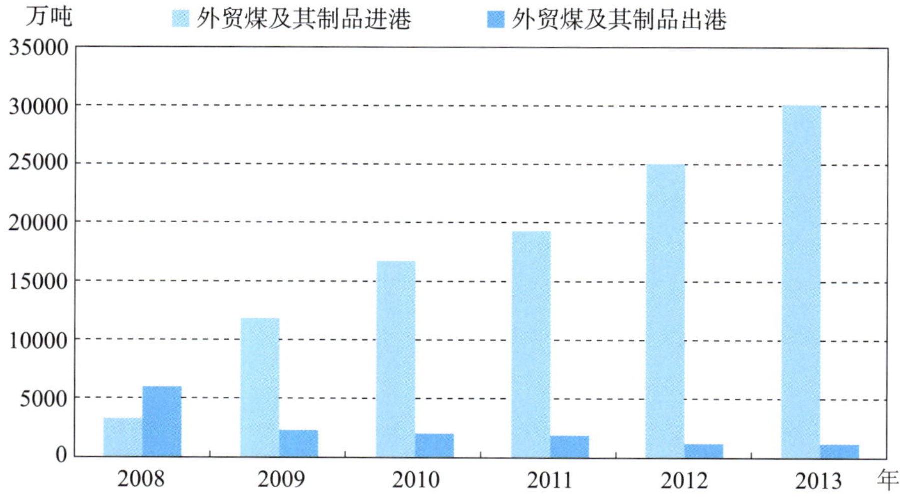

图2.2　2008~2013年全国规模以上港口外贸煤及其制品吞吐量

● **粮食进出口运输**

2013年，由于国内大豆产量下滑，无法满足日益增长的需求，我国大豆进口继续增加。据海关统计，2013年我国大豆进口量突破6000万吨，为6338万吨，比上年增长8.6%，占全球大豆贸易量的61.5%。

2013年，我国港口完成外贸粮食吞吐量8091万吨，比上年增长6.7%。其中，进口7993万吨，比上年增长6.8%；出口98万吨，比上年减少5.7%（见图2.3）。前10大粮食接卸港为日照、北部湾、广州、天津、青岛、大连、宁波—舟山、南通、镇江、苏州港，完成进口粮食接卸量占总量的68.3%。

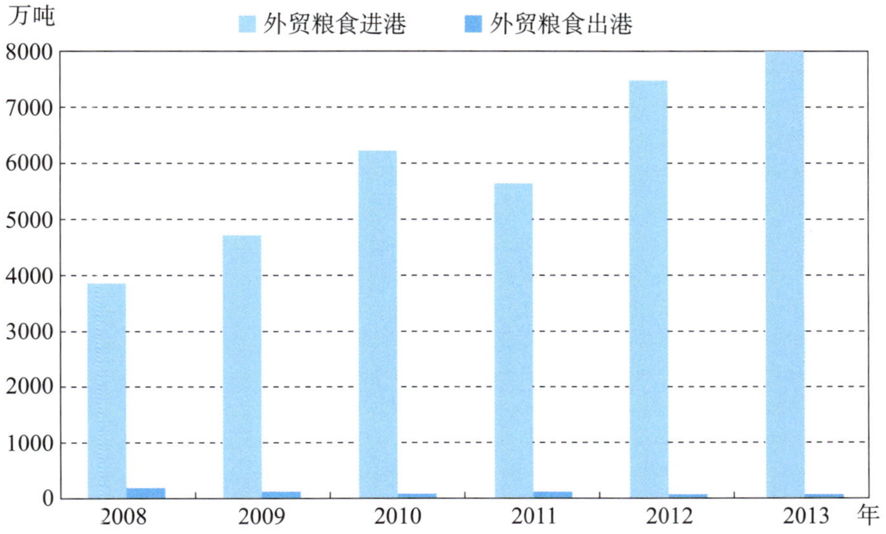

图2.3 2008~2013年全国规模以上港口外贸粮食吞吐量

● **原油进口运输**

随着国内经济稳步增长，我国对原油进口的需求仍然保持旺盛。据海关统计，2013年我国进口原油2.82亿吨，比上年增长4.0%，增幅比上年回落2.8个百分点。原油对外依存度稳步提升，达到57.2%。

2013年，我国原油海上进口量约占世界原油海运量的13.4%。规模以上港口外贸原油进港量2.67亿吨，较上年增长6.4%（见图2.4）。前10大接卸港为宁波—舟山、青岛、日照、大连、湛江、惠州、天津、唐山、茂名、泉州港，完成进口原油接卸量占总量的89.8%，其中前3大接卸港占53.4%。

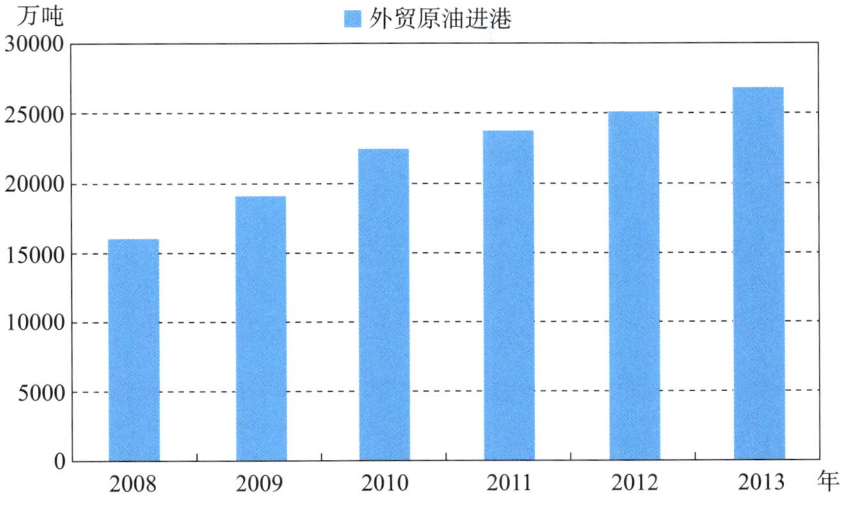

图2.4 2008~2013年全国规模以上港口外贸原油进港量

2.2 中国外贸运输市场

● **进口干散货运输市场**

由于前几年干散货运力的大量交付，海运量增幅平稳，干散货运输市场供大于求，2013年1~8月，中国进口干散货运输市场三大船型运价表现低迷。随着运力交付不断缩减，运输供需矛盾有所缓解，9~12月中国进口干散货运输市场好转，运价回升。12月31日，上海航运交易所发布的中国进口干散货运价指数的综合指数、运价指数、租金指数分别为1443.39点、1268.19点和1706.19点（2012年11月28日为基期，基期指数均为1000点）（见表2.1）。

2013年中国进口干散货主要航线运价 表2.1

单位：美元/吨、美元/日

航　　线	2013年平均	2013年12月31日	年末较年初增长（%）
中国北方/澳大利亚往返航线	14479	30580	377.1
澳大利亚丹皮尔—中国青岛	8.802	12.636	79.1
巴西图巴朗—中国青岛	21.046	30.067	83.0
南非萨尔达尼亚—中国青岛	15.385	20.808	75.9
南非理查兹贝—中国舟山①	14.455	20.05	77.6
澳大利亚纽卡斯尔—中国舟山①	12.678	16.226	49.7
中国南方经东澳大利亚至中国	8901	12050	191.9
澳大利亚海波因特—中国舟山	13.284	14.485	29.7
印尼萨马林达—中国广州②	7.529	8.588	—
巴西桑托斯—中国北方港口	36.520	39.1	16.9
美西塔科马—中国北方港口	23.690	27.21	30.7
美湾密西西比河—中国北方港口	46.572	56.59	38.0
中国南方/印尼往返航线	8756	10821	54.7
印尼塔巴尼奥—中国广州①	9.574	11.435	29.5
印尼苏拉威西岛东部—中国天津	13.488	16.5	25.2
菲律宾苏里高—中国日照	10.888	12.794	17.6

注：①自2013年5月15日起基本港有所调整；
　　②试运行期间的新增航线
资料来源：上海航运交易所

海岬型船日租金前低后高，大幅震荡。上半年，由于季节性因素及运力供需失衡，中国北方经澳大利亚往返航线日租金低位徘徊，平均日租金不到7000美元。下半年，澳矿商扩产计划投产，铁矿石出口步伐加快，对即期船运需求增加，加上市场投机炒作推波助澜，海岬型船日租金急涨急落，波动剧烈。9月下旬和12月上旬日租金曾冲高至4万美元（见图2.5）。

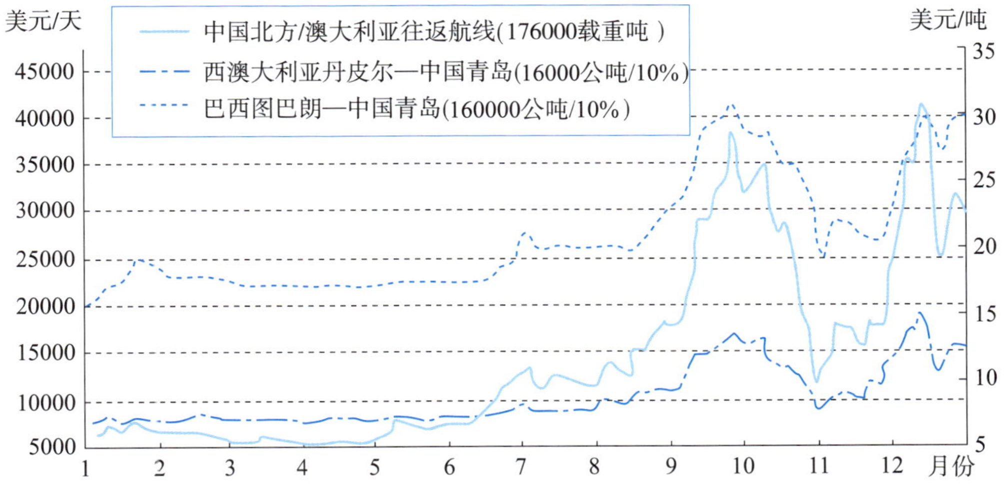

图2.5　中国进口干散货海岬型船主要航线运价走势图

巴拿马型船日租金在粮食船运季节回升。巴拿马型船运力交付仍处于较高水平，市场基本面最不乐观。印尼、澳大利亚煤炭出口量有所增加，但航程相对较短，对缓解运力过剩作用有限，巴拿马型船日租金上半年在低位震荡，下半年形势在粮食出货季节拉动下明显好转。下半年，中国南方经东澳大利亚至中国航线平均日租金10498美元，较上半年上涨47.1%（见图2.6）。

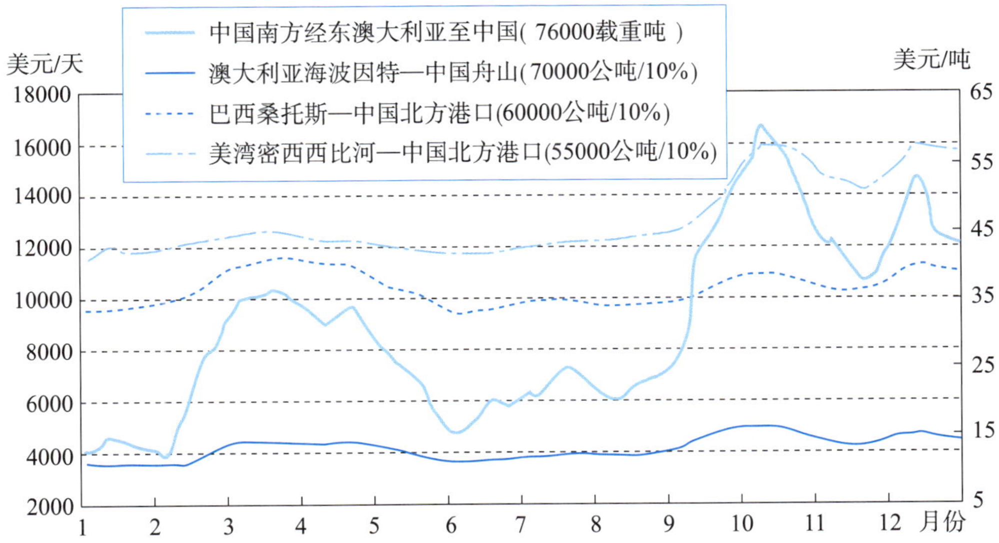

图2.6　中国进口干散货巴拿马型船主要航线运价走势图

超灵便型船运价表现相对坚挺。2013年，在粮食、煤炭、镍矿、铝土矿等干散货海运量增长的拉动下，超灵便型船航次租金、运价水平相对较好，呈前低后高，平稳上涨态势。上半年市场表现平稳，中国南方/印尼往返航线日租金平均值7271美元。8月下旬后，随着美湾粮食渐多；10月后国内煤价上涨，进口煤采购积极性上升；加上贸易商赶在印尼禁止原矿出口政策出台前增加储备，镍矿、铝土矿船运需求升温。在众多利好因素下，超灵便型船日租金从7000多美元的水平一路上扬至12月中旬的1.5万美元（见图2.7）。

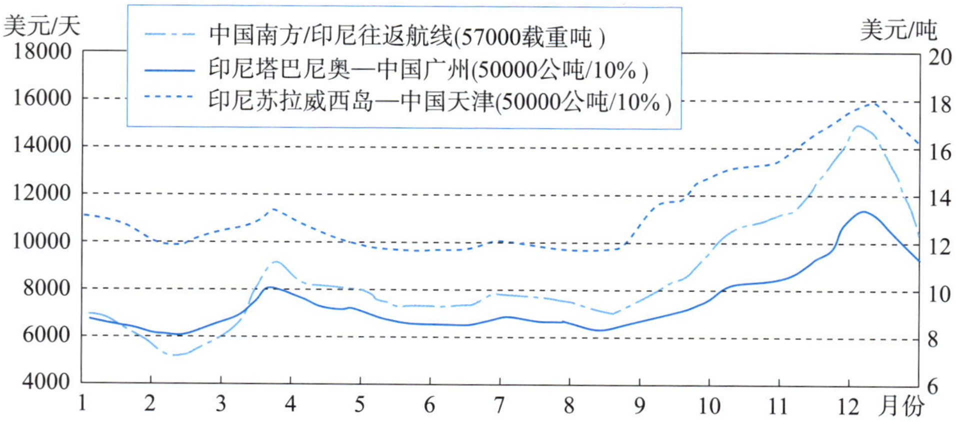

图2.7　中国进口干散货超灵便型船主要航线运价走势图

专栏2.1　发布中国进口干散货运价指数

为全面反映中国进口干散货运输市场行情，为国际干散货运输市场提供风向标，上海航运交易所于2012年11月28日对外试运行中国进口干散货运价指数（CDFI），2013年11月28日正式对外发布。CDFI包括中国进口铁矿石、煤炭、粮食和镍矿四大货种；覆盖海岬型船、巴拿马型船和超大灵便型船三大船型；采用程租（美元/吨）和航次期租（美元/天）相结合的运价发布形式。共包括3条航次期租航线日租金，13条程租航线运价。

● 进口原油运输市场

2013年，中国进口原油运输航线超大型油轮运价走势前低后高。12月31日，上海航运交易所发布的中国进口原油综合运价指数为1274.61点。全年分季度来看，一季度震荡下行，极度低迷；二季度波动回升，反弹有限；三季度低位调整，复苏乏力；四季度快速拉升，高位盘整（见表2.2，见图2.8）。

中国进口原油主要航线运价

表2.2

单位：WS

航　　线	2013年平均	2013年12月31日	年末较年初增长（%）
CT1：中东湾拉斯坦努拉至中国宁波	41.11	58.71	37.3%
CT2：西非马隆格/杰诺至中国宁波	41.62	58.27	36.4%

资料来源：上海航运交易所

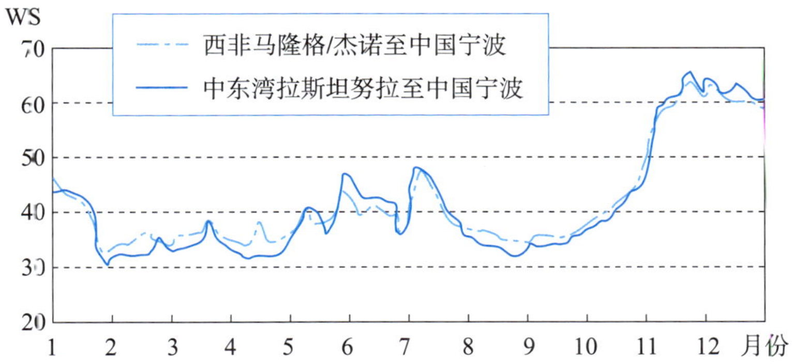

图2.8　中国进口原油主要航线运价指数走势图

2013年，波斯湾至中国航线（CT1）运价在WS30~WS65之间，平均WS41.11；西非至中国航线（CT2）运价同期变化于WS32~WS64之间，平均WS41.62。具体分析：2013年一季度虽然中国和印度保持较高的原油进口需求，但运力供给充足，运价行情极度低迷，CT1、CT2运价于1月30日触全年最低，分别是WS30.41和WS32.49。此后，在韩国货盘集中涌入的刺激下，波斯湾东行运价5月中旬起震荡上行，7月中旬达到阶段性高位后回调。受波斯湾带动，西非航线运价开始上涨，涨幅相对平缓。进入四季度，在旅游季节用油高峰和北半球冬季取暖油需求高峰的先后支持下，CT1、CT2运价指数一路上扬，分别于11月20日和25日达到年内最高WS64.97和WS63.25。

专栏2.2　发布中国进口原油运价指数

上海航运交易所于2012年11月28日对外试运行中国进口原油运价指数（CTFI），2013年11月28日正式对外发布。CTFI下设2条程租航线，分别是：CT1：中东湾拉斯坦努拉至中国宁波，VLCC，载货量265000公吨；CT2：西非马隆格/杰诺至中国宁波，VLCC，载货量260000公吨。

2.3　中国国际海运企业与船队

截至2013年底，我国拥有远洋运输船舶2457艘、7367万载重吨，比上年末分别减少29艘、增加423.0万载重吨；拥有集装箱箱位117.7万TEU，比上年末增长2.0万TEU。

截至2013年底，我国前10大国际海运企业运力总和较上年有所下降，单船吨位上升。国际海运企业积极利用国家关于老旧运输船舶拆旧造新政策，加速淘汰老旧运力，优化船队结构，前10大国际海运企业的国际运力合计8910.5万载重吨，单船吨位8.7万载重吨，较上年7.8万载重吨有所上升。中国远洋运输（集团）总公司、河北远洋、福建国航国际航运船舶运力规模下降，其中，中国运输（集团）总公司经营的国际航运船队617艘、4663.3万载重吨。中国海运（集团）总公司运力规模继续保持增长，为143艘、1418.8万载重吨。山东海运公司快速发展，成为我国第5大国际海运企业，经营31艘、460.7万载重吨的国际运力（见表2.3）。

中国主要航运企业经营的国际航运船队规模（截至2013年12月31日） 表2.3

排 名	企业名称	艘 数	万载重吨
1	中国远洋运输（集团）总公司	617	4663.3
2	中国外运长航集团有限公司	213	1458.5
3	中国海运（集团）总公司	143	1418.8
4	河北远洋运输股份有限公司	36	554.9
5	山东海运股份有限公司	31	460.7
6	浙江远洋运输有限公司	13	228.0
7	福建冠海海运有限公司	16	128.4
8	上海瑞宁航运有限公司	10	107.7
9	福建国航远洋运输（集团）股份有限公司	13	92.9
10	新海丰集装箱运输有限公司	66	86.8

注：不含内外贸兼营船

资料来源：上海航运交易所根据各公司报送情况整理

截至2013年底，我国持有国际船舶经营许可证的公司264家。外商在华设立独资船务公司40家，较上年减少2家；独资船务公司设立分公司239家，比上年增加14家。外商在华设立外商独资集装箱运输服务公司7家，分公司73家，较上年均没有变化。在华开展班轮运输业务的中外公司共146家，比上年减少7家。

2.4 中国国际航运管理

● 国际航运政策

2013年8月，修订出台《国际海运条例实施细则》（交通运输部令2013年第9号）。加快行政职能转变，发挥行业协会自律作用，加强后续监管。

专栏2.3 修订出台《国际海运条例实施细则》

2013年8月，修订出台《国际海运条例实施细则》（交通运输部令2013年第9号，以下简称《实施细则》）。修订的主要内容包括：1. 中资国际船舶代理企业取消审批，实施备案制度；2. 对未进行备案的国际船舶代理经营者实施处罚；3. 中外合资国际船舶代理企业继续实施审批制度；4. 取消了国际船舶运输经营者之间兼并、收购审核；5. 取消了外国国际船舶运输经营者及外国国际海运辅助企业在华设立常驻代表机构审批。

● **国际航运市场监管**

为维护国际集装箱班轮运输市场公平竞争秩序和环境，保障运输各方当事人合法权益，提高备案数据的准确性、有效性，维护运价备案制度严肃性，完善国际集装箱班轮运价备案制度，发布了《关于国际集装箱班轮运价精细化报备实施办法的公告》，并于11月15日起实施。为进一步完善无船承运业务管理制度，简化行政许可，发布了《关于完善无船承运管理制度有关问题的公告》。

专栏2.4 国际集装箱班轮运价精细化备案

2013年11月15日起，全国开始实施国际集装箱班轮运价精细化备案。备案的运价包括公布运价和协议运价。运价备案义务人应报备中国港口至外国基本港的出口集装箱运价（含海运运价和海运相关附加费），实际执行的运价与公布运价不一致的，按照协议运价的方式报备。未按规定履行运价备案手续或未执行备案运价的，交通运输部将依照《国际海运条例》，责令限期改正，并处2万元以上10万元以下的罚款。

● **双边海运合作**

与丹麦、加拿大、韩国、欧盟、美国等国家和地区举行年度双边海运会谈。参加第六次中美交通论坛，启动与利比里亚商签海运协定工作。参加APEC运输工作组第37、38次会议、IMO便利运输委员会第38次会议、中国—东盟交通运输战略规划第二次会议、第26次东盟海运工作组会议、中俄运输分委会第17次会议。

2.5 世界航运市场

● **世界商船队**

据ISL统计，截至2013年底，全球300总吨以上商船40246艘，运力总计15.96亿载重吨①，较上年增长3.6%，平均船龄13.9年；集装箱箱位1952万TEU，较上年增长4.9%。其中，油轮船队（包括原油轮和成品油轮）规模5.65亿载重吨，占世界商船队比重35.4%；干散货船队规模7.05亿载重吨，占世界商船队比重44.2%；集装箱船队规模2.16亿载重吨，占世界商船队比重13.6%。

2013年世界商船队变化有以下特点。

1. 新船交付量锐减，干散货和油轮船队运力交付减少、集装箱船队运力交付增加。2013年全球新交付运力1713艘、1.06亿载重吨，载重吨比上年下降29.5%。其中干散货船交付742艘、5980万载重吨，载重吨位比上年下降37.8%，占全部

① “世界船队合计”不包括未知名国家拥有的船队

交付运力的56.6%，比重较上年下降7.6个百分点；油轮交付422艘、2450万载重吨，载重吨位比上年下降25.8%，占全部交付运力的23.2%，较上年增加1.1个百分点；集装箱船交付201艘，1600万载重吨，载重吨位比上年上涨8.5%，占全部交付运力的15.1%，较上年增加5.3个百分点。

2. 前10位船东国家（地区）运力排名稳定（见表2.4），与上年一致。世界前10大船东国家（地区）拥有运力占世界商船队总量的72.7%。中国、希腊、新加坡拥有和控制的运力规模增幅较大，分别比上年增长14.6%、8.4%和7.5%。德国、挪威、丹麦拥有和控制的运力规模有所减少，分别比上年下降3.1%、1.9%和2.6%。

3. 船舶大型化趋势明显。油轮新船订单平均载重量为70000载重吨，手持订单平均载重量为67000载重吨，而在役船队平均载重量为43000载重吨，20万载重吨以上VLCC手持订单73艘；干散货船新造船订单集中在海岬型船，共202艘；干散货船新船订单平均载重量为87000载重吨，手持订单平均载重量为82000载重吨，而在役船队船舶平均载重量为68000载重吨；集装箱船新造船订单平均箱位为8100TEU，集装箱船手持订单平均箱位为7790TEU。在役集装箱船队中，有196艘集装箱船箱位超过10000TEU，此外，还有144艘该类型手持订单。

4. 方便旗船队发展平稳。截至2013年底，悬挂方便旗的商船总计有11.77亿载重吨、约占世界商船队73.9%，占比基本与上年持平。巴拿马是最大的方便旗国，拥有船队3.47亿载重吨，占世界商船队的21.8%。

前10大国家（地区）拥有船队状况（截至2013年12月31日）　　表2.4

2013排名	国家（地区）	拥有船队总量（百万载重吨）	占世界船队比重（%）	分船型占世界船队比重（%）			本国旗船队比重（%）	方便旗船队比重（%）
				油船	散货船	集装箱船		
1	希腊	282.2	17.7	21.7	19.7	8.2	26.1	73.9
2	日本	235.4	14.8	10.0	20.7	7.4	7.5	92.5
3	中国	184.4	11.6	6.6	17.3	6.4	38.1	61.9
4	德国	127.0	8.0	3.3	3.9	31.8	12.5	87.5
5	韩国	83.4	5.2	3.5	7.4	3.8	19.0	81.0
6	挪威	57.4	3.6	6.2	1.6	0.7	26.9	73.1
7	新加坡	51.4	3.2	4.4	2.0	4.8	56.1	43.9
8	美国	47.6	3.0	4.3	2.5	1.1	9.1	90.9
9	中国台湾	47.5	3.0	1.3	3.7	5.4	8.0	92.0
10	丹麦	41.1	2.6	2.9	0.8	8.3	32.7	67.3

注：按1000总吨以上商船计

资料来源：据ISL数据资料整理编辑

● **世界干散货运输市场**

据克拉克森统计，2013年国际干散货海运贸易量总计为43.00亿吨，海运周转量为227720亿吨海里，分别比上年增长5.2%和3.6%。

2010、2011、2012年运力增幅分别为16.9%、14.7%和10.4%，相比之下，2013年全球

干散货运力增幅大为收窄。截至2013年年底，全球干散货运力共计7.22亿载重吨，较年初增长5.9%。2013年新船交付量有所下滑，据克拉克森统计，2013年国际干散货运输市场共交付运力6210万载重吨，比上年减少3720万载重吨。

分船型来看，海岬型船运力增幅急速刹车，前3年运力增幅分别为23.1%、19.1%和11.9%，截至2013年年底，海岬型船运力2.93亿载重吨，较年初增长5.0%。巴拿马型船仍维持较高的运力增幅，前3年运力增幅分别为12.0%、12.7%和12.0%，截至2013年年底，巴拿马型船运力1.86亿载重吨，较年初增长9.2%，运力增幅居各大型船之首（见表2.5）。

全球干散货船现有运力统计

表2.5

单位：百万载重吨

船型＼年份	2010年	2011年	2012年	2013年	比2012年增长
海岬型船	209.5	249.5	279.3	293.2	5.0%
巴拿马型船	134.6	151.8	170.0	185.7	9.2%
超灵便型船	111.1	130.6	146.3	157.1	7.4%
灵便型船	81.8	84.8	85.8	85.5	–0.3%
合计	537.1	616.7	681.3	721.5	5.9%

数据来源：克拉克森

金融危机之后，2010~2012年以来持续的高运力交付量，干散货海运量增幅有限，市场供需严重失衡，国际干散货运输市场陷入低谷期。2013年干散货运输市场供需形势有所改善，全年运价走势前低后高。2013年国际干散货综合运价指数（BDI）年平均值1206点，比上年上涨31.1%（见图2.9）。

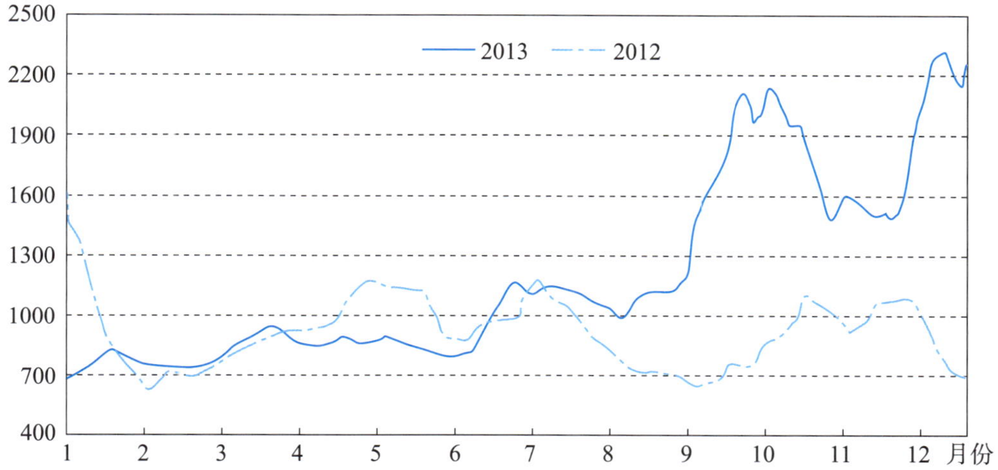

资料来源：波罗的海交易所

图2.9　2012~2013年波罗的海干散货综合运价指数（BDI）走势图

● **世界油轮运输市场**

近几年来，由于经济复苏缓慢，全球石油需求微幅增长，石油海运量和海运周转量平稳增长。克拉克森数据，2013年全球石油海运贸易量为28.64亿吨、海运周转量121990亿吨海里，分别比上年增长1.4%和2.2%。

全球油轮船队运力增幅放缓，苏伊士型油轮增幅居首位。据克拉克森统计，截至2013年底，全球万吨级以上油船共有5820艘、5.02亿载重吨，比上年增长1.9%，增幅较上年回落2个百分点。其中，VLCC规模1.91亿载重吨，较上年增长1.9%，增幅较上年回落4.3个百分点。苏伊士型、阿芙拉型和巴拿马型船分别比上年增长4.8%、下降0.8%和增长0.7%。

尽管油轮运输市场运力增幅放缓，但近3年来运力增幅仍高于运量增幅，国际油轮运输市场运价低位徘徊，波罗的海交易所原油综合运价指数（BDTI）大部分时间低于上年同期，BDTI全年平均642点，较上年下跌10.7%（见图2.10）。11月，冬季用油高峰，炼油厂加大储备，原油船运成交增多，运价大幅上涨，BDTI由11月初604点快速回升至年底997点。

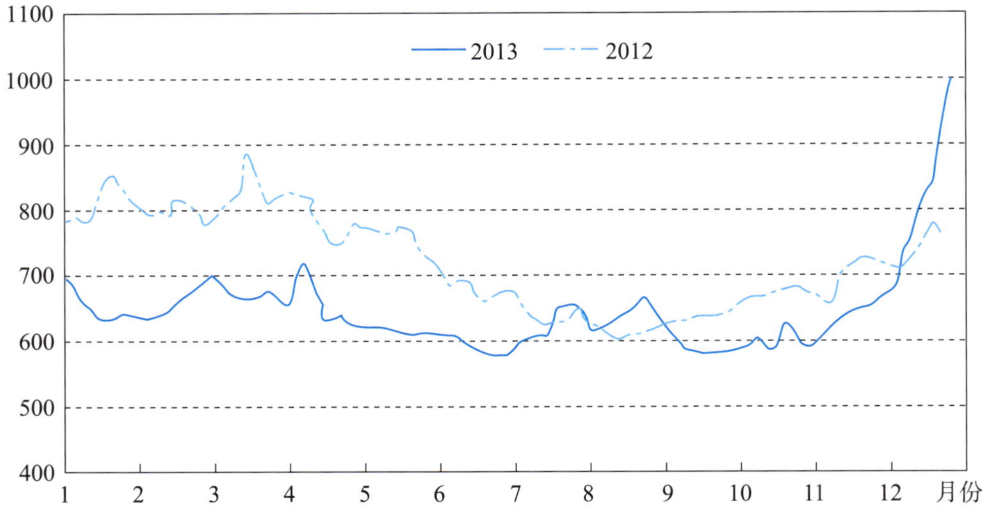

资料来源：波罗的海交易所

图2.10　2012~2013年波罗的海原油综合运价指数（BDTI）走势图

2013 CHINA

第3章 国内航运

3.1 沿海与内河货物运输

2013年，国内水路运输生产总量保持快速增长，沿海和内河完成货物运输量48.86亿吨、货物周转量30730亿吨公里。

● 沿海货物运输

2013年，沿海完成货物运输量16.47亿吨、货物周转量19216亿吨公里。沿海运力增长放缓，但因前期大量新造船仍未被市场消化，运力过剩格局无根本改变。2013年前三季度，运力长期过剩和需求持续疲软的双重因素累积下，运价持续探底。7月26日CBFI降至2001年指数发布以来的最低值963.30点。由于运价远低于船舶成本，船公司不得不暂时封存部分运力。第四季度，因国内外煤炭价格倒挂、国内煤炭涨价预期刺激、港口天气原因长时间封航等诸多因素影响下，运输价格大幅上扬，全年运价呈现先抑后扬、大幅波动态势。上海航运交易所发布的中国沿海（散货）综合运价指数12月27日报收于1357.90点，全年平均指数为1125.92点，较上年上涨2.5%（见图3.1）。

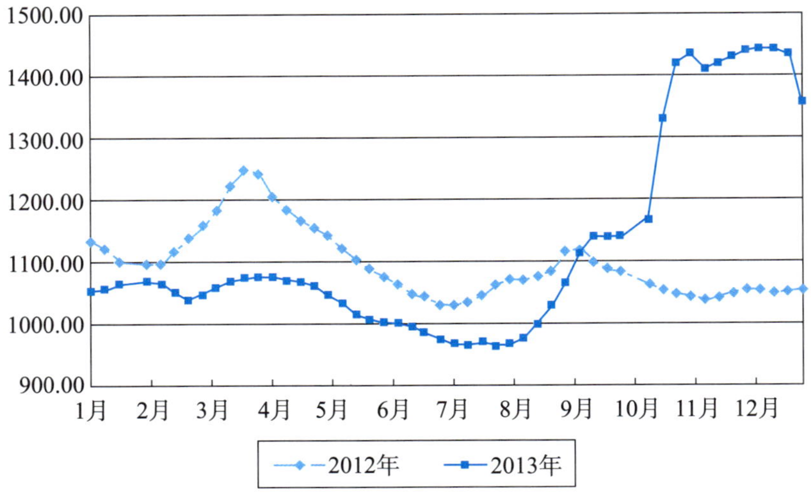

资料来源：上海航运交易所

图3.1　中国沿海（散货）综合运价指数走势图

专栏3.1　中国沿海（散货）综合运价指数（CBFI）见证市场走向

中国沿海（散货）运价指数（CBFI）自2001年11月28日发布以来，客观反映了沿海散货运输市场供求关系及运价的变化趋势（见图3.2），从2002~2006年的平稳增长，到2007~2011年的大起大落，再到2012年的持续低迷不振，见证了10多年来国内沿海散货运输市场的复苏、繁荣、衰退、萧条的运行轨迹。

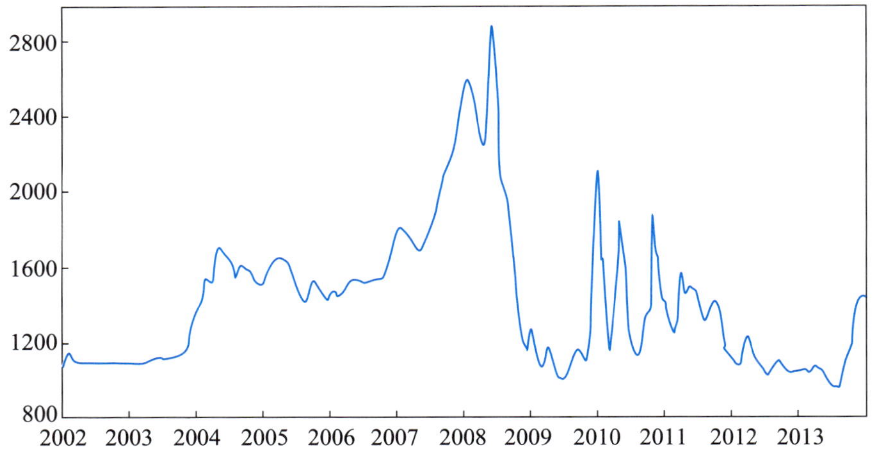

资料来源：上海航运交易所

图3.2　2002~2013中国沿海（散货）运价指数走势图

● **内河货物运输**

2013年，内河完成货物运输量32.39亿吨、货物周转量11514亿吨公里。长江沿线区域经济平稳增长，煤炭、金属矿石、矿建材料等货物吞吐量继续增长，形成对港口增长的支撑，长江干线货物吞吐量中，煤炭、金属矿石、矿建材料和水泥四大货种占干线港口货物总吞吐量的66.7%。珠江内河货运量和货物周转量继续保持回升势头，贵港港规模以上货物内贸出港量完成270.8万吨，较上年增长1.1%。京杭运河煤炭主要发运港徐州港煤炭内贸出港量完成2198.2万吨，较上年增长12.2%。黑龙江水系内河主要港口（哈尔滨港、佳木斯港）矿建材料内贸进港量完成122.3万吨，与上年持平，主要港口煤炭吞吐量完成22.1万吨，较上年下降24.6%。

1. 长江货物运输

2013年，长江航运景气指数总体低于上年。长江航务管理局发布的长江航运景气指数一~四季度分别为85.29点、95.47点、98.20点和101.95点，逐季攀升。一、二季度同比分别下降13.99点和6.17点，下半年景气水平略有好转，三、四季度同比分别增加7.90点和4.87点。长江航运景气指数全年平均为95.23点，较上年下跌1.85点。长江水系货运主要特征为：

①海进江煤炭运量继续增长

2013年，海进江煤炭运输量继续呈现良好的增长态势，长江沿线南京及其以下港口（不含上海）煤炭内贸进港量合计26999.7万吨，较上年增长5.0%。

②金属矿石运输量继续增长

2013年，长江干线规模以上港口金属矿石吞吐量为4.08亿吨，较上年增长10.3%。其中，内贸进港量2.15亿吨，增长9.4%。

③海进江原油水运量下滑

长江水路油品运输需求减弱，国内原油“海进江”水运量继续萎缩，南京港内贸原油进港量796.9万吨，较上年下降1.3%。

④三峡船闸货物通过量大幅回升

2013年，三峡船闸全年货物实际通过量9707万吨，较上年增长12.7%。其中，上行过闸货运量完成6029万吨，下行过闸货运量3678万吨，分别较上年增长12.8%和12.6%。

三峡船闸共计运行10770闸次，较上年增长10.9%；通过船舶45669艘次，较上年增长3.2%。

2. 珠江货物运输

2013年珠江水系货运主要特征为：

①长洲枢纽船闸货物通过量继续增长

2013年，西江黄金水道长洲枢纽船闸完成过闸船舶8.78万艘次，与上年相比增长1.3%，长洲枢纽船闸年货物通过量达到6006万吨，较上年增长11.7%。

②船舶利用率降低

由于运力长期过剩，市场供需失衡加重，加上年末船舶滞航，船舶利用率降低。2013年，珠江水系内河船舶利用率在80%左右，比上年下降5%左右。

③运价前低后高

1~10月，受运能总量过剩、竞争激烈等因素影响，西江水路平均运价与上年同期相比基本持平，低位徘徊；11、12月，由于船舶滞航长洲枢纽，无法及时回航，运价快速上涨。2013年，贵港至广州平均运价为31.0元/吨，贵港至深圳运价为35.6元/吨，较上年分别增加了3.7元/吨和3.1元/吨。

3.2　大宗货物运输

● 煤炭运输

2013年，全国发电量完成52451亿千瓦时，较上年增长7.6%，增速上升2.9个百分点。火力发电量完成42153亿千瓦时，较上年增长6.9%，增速上升6.3个百分点。全国规模以上港口内贸煤炭出港量完成10.05亿吨，较上年增长9.0%。

2013年煤炭运输主要特征为：

①内贸煤炭发运量回升

受电力等主要行业用煤需求增长的带动，内贸煤炭发运量稳定增长，2013年，沿海规模以上港口煤炭内贸出港量为8.01亿吨，比上年增长9.4%，北方七港（秦皇岛、黄骅、唐山、天津、青岛、日照、连云港）共完成煤炭内贸出港量6.34亿吨，比上年增长9.6%。因设备更新改造和西港搬迁等因素影响，秦皇岛港在北方七港中的内贸发运量占比有所下降，唐山港（京唐港区、曹妃甸港区）和黄骅港内贸出港量继续保持较快增长，比上年均增长31.2%。上海港、宁波—舟山港加大进口煤炭内贸转运力度，内贸出港量分别比上年增长12.0%和23.7%。

②煤炭库存维持高位

2013年，全国煤炭库存持续高位，大部分时段全国重点电厂存煤天数高达20~25天。受发运能力、贸易商预期、采购节奏和天气等因素影响，北方港口煤炭库存波动较大，7月受雨季水电增加、进口煤增多的影响，北方七港煤炭库存达到2年内的3200万吨高位，除第四季度外，全年港口煤炭库存总体维持高位。

③煤炭运价触底反弹

2013年，我国沿海煤炭运输市场运价呈前低后高态势。上半年，受需求总体偏弱、煤炭进口冲击以及内贸煤价单边下行影响，运价低位徘徊。7月12日，秦皇岛至广州（5~6万载重吨）航线和秦皇岛至上海（4~5万载重吨）航线运价分别为32.8元/吨和23.0元/吨，为年内最低。三季度随着国际散货运输价格的快速上涨，推高了进口煤到岸价格，国内煤炭优势显现，煤炭采购积极性明显提升。四季度，主要煤炭供应企业为了年度合同谈判，提高煤炭销售价格，导致供求关系紧张。沿海煤炭运价自8月份起急速拉升，10月呈现垂直上扬的态势。10月23日，秦皇岛至上海（4~5万载重吨）航线运价涨至2年内最高，为67.0元/吨。12月，煤电企业年度谈判进入博弈阶段，电厂减少内贸市场煤采购，运价快速跌落。2013年，上海航运交易所发布的沿海煤炭货种运价指数平均值为1229.51点，较上年上涨2.9%（见图3.3）。

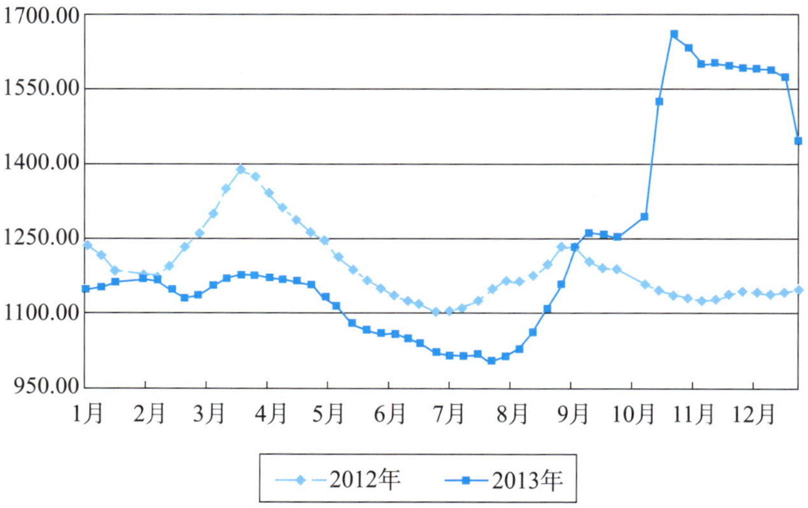

资料来源：上海航运交易所

图3.3　中国沿海（散货）煤炭货种运价指数走势图

● **金属矿石运输**

2013年，全国规模以上港口金属矿石内贸出港量为3.54亿吨，较上年增长9.6%。其中，海南矿内贸出港量完成413.8万吨，较上年增长6.1%。

2013年金属矿石运输主要特征为：

①二程矿运输量快速增长

进口铁矿石船舶大型化趋势明显，货源越来越多地向沿海主要港口聚集，二程矿运输量增长明显。青岛港、日照港、上海港以及宁波—舟山港金属矿石内贸出港量分别较上年增长7.2%、23.7%、20.1%、9.8%。

②港口库存高位回落

港口铁矿石库存从上年的1亿吨高位水平逐步回落。全国30个主要港口铁矿石库存总量一度下降至3月8日的6654万吨，创下2010年1月以来的最低水平。港口铁矿石全年库存总量徘徊于7000万吨的水平。

③沿海金属矿石运输价格低开高走

2013年，沿海金属矿石运输需求平稳，市场行情呈现前低后高的总体走势。上半年尽管二程矿运输稳步增长，但运力供给严重过剩，沿海金属矿石运价低位徘徊。三季度，在运力供给阶段性紧缺的影响下，铁矿石运价跟随煤炭运价出现一波上涨行情，沿海金属矿石货种运价指数从7月5日的858.59点升至年末1360.19点，涨幅高达58.4%，全年平均值为874.00点，较上年上涨18.0%（见图3.4）。

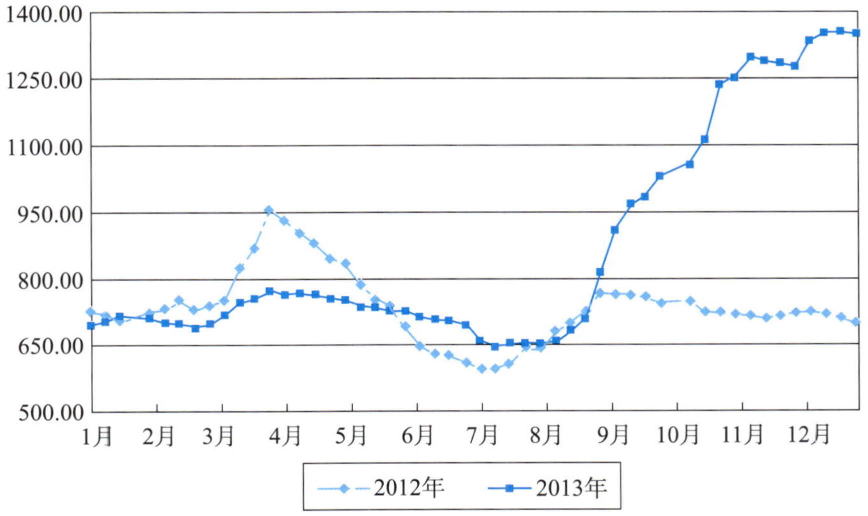

资料来源：上海航运交易所

图3.4　中国沿海（散货）金属矿石货种运价指数走势图

● **石油及其制品运输**

2013年，我国原油产量完成2.08亿吨，较上年增长1.7%，增幅下降0.2个百分点。原油表观消费量为4.90亿吨，较上年增长3.0%，增幅下降1.9个百分点。原油进口量为2.82亿吨，较上年增长4.0%，增幅下降3.3个百分点。沿海规模以上港口原油内贸吞吐量完成10835.3万吨，较上年下跌3.5%。

2013年石油及其制品运输主要特征为：

①进口原油中转量大幅减少

随着中石油、中石化沿海管道运输的日趋成熟及前2年沿海港口原油码头新建投产，原油直达运输增加，进口原油内贸二程中转量继续下降。宁波—舟山港、湛江港内贸出港量较上年分别下降11.8%和23.3%。

②陆产原油运量下降，海洋油发运量恢复性增长

陆产原油下水量继续下降，秦皇岛港原油内贸出港量较上年下降10.8%。蓬莱19-3油田全面恢复生产，但增量不多，海洋油运量恢复性增长。

③原油运价稳定，成品油运价下跌

国内沿海原油运输行情相对平稳。成品油运输需求受成品油调价影响较大。前三季度，运输

货源减少，运价下跌；第四季度，成品油需求一度回暖，但增长乏力，运输行情平稳。2013年，上海航运交易所发布的成品油货种运价指数全年平均为1244.08点，较上年下跌5.5%。

3.3 特种货物运输

● **液化石油气运输**

在原油加工量增长的同步带动下，国内液化石油气产量稳步增长，全年液化石油气产量为2275 万吨，比上年增加2%左右。液化气表观消费量为2555万吨，较上年增长4.7%，增速继续放缓。据中国船东协会液化气专业委员会调查，2013 年全国液化气水运量在280 万吨左右，比上年下降10%。

2013年液化石油气运输主要特征为：

①航线结构呈现多元化发展

由于中石化长江沿线炼厂之间的运输增长，加之武汉乙烯项目投产，长江内河液化气运输量明显增加。另外，进口液化气的增长，也带动了二程水运量的增加，航线结构更趋于多元化。

②运力供过于求矛盾依然突出

2013年，国内沿海液化气船运力规模增长11.2%，增幅较上年虽有缩窄，但运力供大于求的矛盾仍旧突出。国内液化气船的船龄结构有较大改善，12年以下新船舱容所占比重超过70%。

③运价水平低位徘徊

尽管部分运力分流至国际航线市场，但国内货源持续下降，国内液化气水路运输市场竞争激烈，价格持续低位。

● **液体化学品运输**

2013年，全国乙烯产量1623万吨，比上年增长8.5%；烧碱产量2854万吨，增长6.6%；硫酸产8078万吨，增长5.8%。主要液体化学品进口量合计为2530万吨（包括甲苯、二甲苯、苯乙烯、乙二醇、异氰酸脂、对苯二甲酸），较上年增长3.3%。2013 年，我国液化品内贸水运总量约2100万吨，较上年增长约5%。

液体化工品内贸水路运输格局基本保持不变。2013年，大连港化工原料及制品吞吐量为1105.7万吨，比上年增长106.8%，新化工项目大连恒力年产220万吨PTA装置在2012年10月投产。天津港化工原料及制品吞吐量为2748.1万吨，比上年增长35.3%。华东区域新的化工项目投产、扩能对化工原料的需求略有回升，苏州港、上海港化工原料及制品吞吐量比上年增长10.6%和62.4%。华南地区的广州港、防城港域等主要液化品接卸港口，其化工原料及制品吞吐量均呈现下降态势，较上年分别下降21.7%和4.0%。

3.4 旅客运输

2013年，旅客吞吐量延续上年下降态势，全国港口旅客吞吐量完成18470万人，比上年下降4.8%。其中，沿海港口旅客吞吐量完成7780万人，比上年下降1.3%；内河港口旅客吞吐量完成10690万人，比上年下降7.3%（见表3.1）。

2013年水路客运量和旅客周转量分别完成2.35亿人、68.3亿人公里，按可比口径，分别比上年增长3.0%和2.9%。

1. 春运客运量保持平稳

春运40天，全国水路客运量完成4250万人，比上年增长0.1%。渤海湾水域、舟山水域、琼州海峡、长江干线、台湾海峡等重点水域客运量完成619.2万人，较上年增长7.6%。自驾车旅游的持续升温和节假日免收高速公路通行费政策，带动了岛屿、海峡间的水路客运和汽车滚装运输快速发展，舟山水域、琼州海峡和福建至台湾地区客运量分别比上年增长6.8%、14.4%和8.1%；渤海湾水域和长江干线由于受其他运输方式影响，客运量比上年减少18.6%和5.8%。

2013年主要港口旅客吞吐量统计表　　表3.1

单位：万人

港口	2013年	2012年	与上年比增减（%）
总计	18470	19405	–4.8
沿海合计	7780	7879	–1.3
大连	606	638	–5.0
上海	134	130	3.1
宁波—舟山	351	439	–20.0
珠海	640	584	9.6
海安	1235	1215	1.6
海口	1283	1262	1.7
内河合计	10690	11527	–7.3
重庆	1085	1192	–9.0
宜昌	48	77	–37.7

2013年，水路春运呈现出节前平稳、节中增长、节后回落的特点。春节前客运量完成1513.4万人，与上年持平；春节7天客运量达到852.2万人，比上年增长2.6%；节后客运量逐步回落，至正月十五恢复正常水平。

2. 黄金周运输量小幅增长

“十一”黄金周期间，运力安排合理，运输秩序良好。长假7天，全国主要地区水路旅客运量共完成1372.2万人，比上年增长2.3%，增幅回落10.5个百分点。受福建、浙江等东南沿海和琼州海峡等地台风影响，重点水域客运量普遍减少。其中，渤海湾地区客运量完成9.73万人，比上年下降26.6%；舟山群岛地区客运量完成115.57万人，比上年下降14.3%；琼州海峡地区客运量完成32.13万人，比上年下降22.4%；长江干线（重庆至湖北宜昌段）客运量完成5.01万人次，比上年增长3.0%。

3.5　国内航运企业与船队

● 国内航运企业

我国主要国内航运企业规模扩张较为平缓，沿海船队总运力规模较上年小幅增长，部分航运企业淘汰老旧运输船舶，运力规模较上年有所减少。截至2013年底，中国海运（集团）总公司、中国远洋运输（集团）总公司、福建国航远洋运输（集团）股份有限公司的国内沿海船队规模仍位列前3位（见表3.2）。

中国主要航运企业经营的国内沿海船队规模（截至2013年12月31日） 表3.2

排　名	单　　位	总　运　力	
		艘数	万载重吨
1	中国海运（集团）总公司	273	1223.3
2	中国远洋运输（集团）总公司	78	400.3
3	福建国航远洋运输（集团）股份有限公司	42	248.8
4	上海时代航运有限公司	41	227.5
5	中国外运长航集团有限公司	85	147.7
6	广东粤电航运有限公司	19	133.7
7	浙江省海运集团有限公司	34	132.5
8	神华中海航运有限公司	26	131
9	福建交通运输集团有限责任公司	35	129.3
10	广东蓝海海运有限公司	19	115.8
11	宁波海运集团有限公司	37	112.3
12	上海北海船务股份有限公司	10	75.2
13	上海瑞宁航运有限公司	13	71.7
14	东莞市海昌船务有限公司	9	63.0
15	江阴利电煤炭运销有限公司	11	56.8
16	浙江富兴海运有限公司	11	47.6
17	江苏大唐航运股份有限公司	8	47.1
18	宁波经济技术开发区龙盛航运有限公司	7	44.2
19	泉州安盛船务有限公司	24	42.6
20	华远星海运有限公司	7	41.2

注：1. 运力中包含内外贸兼营船舶；

2. 福建国航远洋运输（集团）股份有限公司船队规模包含天津国电海运有限公司船队规模

资料来源：上海航运交易所根据各公司报送情况整理

2013年，我国主要从事内河航运的航运企业变化较大，中外运长航集团有限公司大规模调整运力结构，船舶艘数与载重吨较上年分别减少17.0%、9.7%，但仍以566艘、151.2万载重吨的规模列第1。内河船舶平均吨位继续增大，大型化趋势明显（见表3.3）。

中国主要航运企业经营的内河船队规模（截至2013年12月31日）　　表3.3

排　名	单　　位	艘　　数	万载重吨
1	中国外运长航集团有限公司	566	151.21
2	重庆市河牛滚装船运输有限公司	47	32.90
3	重庆川江船务有限公司	56	32.20
4	宁波北仑船务有限公司	14	28.90
5	济宁市宏宇航运有限责任公司	383	27.84
6	重庆轮船（集团）有限公司	58	26.02
7	济宁鸿洋航运有限公司	214	24.78
8	济宁市任城区第一航运公司	287	23.75
9	济宁润和贸易有限公司	183	23.45
10	武汉江顺达航运有限公司	34	23.00

资料来源：上海航运交易所根据各公司报送情况整理

● 运输船舶

截至2013年底，我国拥有沿海及内河运输船舶170097艘、17034.44万载重吨，分别比上年末减少6008艘、增加1129.61万载重吨，运力结构大型化发展趋势明显。其中，客船及客货船23157艘、1011318客位，分别比上年增加142艘和9581个客位。

1. 沿海运输船舶

①干散货运输船队

国内沿海干散货船运力规模继续增长，增速放缓，运力过快增长势头得到遏制，船龄结构较为合理。

截至2013年底，从事国内沿海运输的万吨以上干散货船共计1727艘、5518万载重吨，载重吨较上年底增长11.7%，增幅较上年下降3.5个百分点。投入营运的新建船（含上年底建成本年度投入营运）共计658.2万载重吨，其中2013年新建的船舶共计500万载重吨，较上年下降3.9%。

2013年，由于航运市场低迷，航运企业积极调整运力结构，33艘、123万载重吨老旧运输船舶提前报废更新，另有4艘、12万载重吨达到报废年限的老旧运输船舶退出市场。截至2013年底，国内沿海万吨以上干散货船平均船龄为8年，其中，船龄在18年以上的老旧船舶共计315艘、1331万载重吨，占国内沿海干散货船运力总量的24.1%。

②集装箱运输船队

集装箱运输船队规模增长。截至2013年底，从事国内沿海运输的700TEU（约10000载重吨）以上集装箱船（不含多用途船）共计164艘，总箱位数50.3万TEU，比上年底增加15艘、5.5万TEU，全年运力规模累计增长12.3%，平均船龄为11.5年。

③油品运输船队

国内沿海跨省运输油船运力规模增幅减小。截至2013年底，从事国内沿海跨省运输的油船为1413艘、1048.3万载重吨，运力规模较上年末增长6.7%，增幅较上年减少4.7个百分点。全年投入营运的新建船舶（含上年底建成本年度投入市场）共126艘、105.4万载重吨。国内沿海油船的平均船龄为7年，较上年上升0.1年，其中，船龄12年以上的老旧运输船舶和船龄26年以上的特检船分别占总运力规模的18 %和1%，较上年均有下降。

④化学品运输船队

国内沿海跨省运输化学品船运力平稳增长，增长速度明显放缓。截至2013年底，从事国内沿海跨省运输的化学品船为279艘、106.6万载重吨，较上年底增长7%，运力增幅较上年下降10.9个百分点。全年投入营运的新建船舶（含上年底建成本年度投入市场）共11艘、5万载重吨。国内沿海化学品船船龄为6.6年；船龄12年以上的老旧运输船舶和船龄26年以上的特检船分别占总运力规模的8%和0.8%。

⑤液化气运输船队

国内沿海液化气船运力规模增长加快。截至2013年底，沿海跨省运输液化气船共74艘、21.6万载重吨，运力规模较上年底增长23.7%。全年投入营运的新建船舶（含上年底建成本年度投入市场）共7艘、4万载重吨。沿海液化气船平均船龄为9年，较上年下降0.3年，其中，船龄12年以上的老旧运输船舶和船龄26年以上的特检船分别占总运力规模的23.2%和2.2%。

2. 内河运输船舶

①长江水系运输船队

截至2013年底，长江水系14省（市）拥有内河货运船舶12.37万艘、净载重量9195.60万吨，分别比上年末减少2.6%和增加9.6%；货运船舶平均净载重量为743.38吨，比上年末增加12.5%，内河货运船舶大型化趋势明显，内河货运船舶运力规模位居前3的省份分别是：安徽省、江苏省和山东省，3省的货运船舶运力规模占水系14省（市）内河货运船舶总运力规模的70.5%。

截至2013年底，长江水系各省市共拥有省际内河液货危险品运输船舶4053艘、326.5万载重吨，分别比上年末减少1.4%和增加13.7%。其中：油船1877艘、135.6万载重吨，分别与上年末持平和增加9.4%；散装化学品船1516艘、65万载重吨，分别比上年末减少4.9%和2.7%；油/化两用船227艘、81.6万载重吨，分别比上年末增加25.4%和36.7%；液化气船10艘、15187立方米，与上年末持平。

②珠江水系运输船队

截至2013年底，珠江水系拥有运输船舶16015艘、净载重量1193万吨、载客量16.4万客位、集装箱箱位量16.7万TEU。其中，机动货船12405艘，拖驳船40艘，机动货船平均净载重量为957吨。珠江内河省际液货危险品船舶共计124艘、11.3万载重吨，较上年分别增长20%、21%；平均载重吨为911吨，其中，油船平均载重吨935吨，化学品船平均载重吨886吨；平均船龄12.5年，其中，油船平均船龄15.3年，化学品船平均船龄10.2年。

③黑龙江水系运输船队

黑龙江水系从事营业性运输船舶1592艘，其中推（拖）船132艘、驳船360艘、货船30艘，艘数均比上年减少。水系拥有货运船舶共计23.1万载重吨。

3.6 国内航运管理

● **法规制度建设**

新修订的《国内水路运输管理条例》（以下简称《条例》）于2013年1月1日起实施。为做好《条例》的实施工作，交通运输部印发《关于国内水路运输管理条例实施有关事项的通知》，明确了有关审批程序和要求，保持《条例》实施后政策的连续性和稳定性。《国内水路运输管理规定》和《国内水路运输辅助业管理规定》经部务会议审议通过；组织开展《老旧运输船舶管理规定》、《内河运输船舶标准化管理规定》的修订工作。

● **航运市场宏观调控**

为防止运力盲目过快增长，继续加强国内沿海成品油、化学品和液化气运输市场宏观调控，严格限制国内沿海液货危险品运输企业和船舶进入市场，发布《关于国内液化气天然气船舶运输市场准入政策的公告》。为引导市场，定期发布国内沿海跨省运输干散货、集装箱和液货危险品船运力情况分析报告。

落实《国务院关于印发船舶工业加快结构调整促进转型升级实施方案（2013~2015年）的通知》，印发《关于促进航运业转型升级健康发展若干意见》，出台促进航运发展20条措施。调整延续老旧运输船舶提前淘汰更新政策，出台了新的老旧运输船舶和单壳油轮提前报废更新实施方案。

● **航运市场监管**

2013年，继续开展水路运输业及水路运输服务业年度核查工作，共核查水路运输企业6931家，核查通过率、限期整改率和未通过率分别为93.6%、4.1% 和2.3%；核查水路运输辅助企业5375家，核查通过率、限期整改率和未通过率分别为94%、1.3%和4.7%。水路运输企业和水路运输服务业核查通过率分别较上年提高0.4个百分点和下降1.7个百分点。

发布《关于调整完善黑龙江省内贸货物经俄罗斯港口运至我国东南沿海港口试点工作相关政策的公告》，允许使用外国籍船舶承运黑龙江省经俄罗斯港口运至我国东南沿海港口的内贸货物。发布《关于加强渤海湾和琼州海峡省际客运市场宏观调控的公告》，限制经营者和运力增加，进一步明确渤海湾和琼州海峡省际客运管理政策。

印发《关于维护琼州海峡客滚运输秩序的紧急通知》和《关于做好近期琼州海峡客滚运输保障工作的通知》，维护琼州海峡客滚运输稳定。发布《关于加强琼州海峡客滚运输市场管理的意见》，明确琼州海峡客滚运输实行“班轮运营、定时发班”的要求，推进琼州海峡班轮化运输。

● **内河船型标准化**

加快推进内河船型标准化，发布全国主要通航水域干流过闸运输船舶标准船型主尺度系列；联合财政部及18个省市政府发布《“十二五”期推进全国内河船型标准化工作实施方案》；发布《关于进一步明确部水系派出机构组织实施推进内河船型标准化有关工作通知》。

继续推进长江干线船型标准化，加快推进过闸小吨位船舶、老旧运输船舶、三峡库区现有客船加装生活污水处理装置改造和三峡库区单壳油船、单壳化学品船改造或拆解。

专栏3.2　加快推进内河船型标准化工作

2013年1月14日，交通运输部发布了《全国主要通航水域干流过闸运输船舶标准船型主尺度系列》（以下简称主尺度系列）。对京杭运河、淮河水系、珠江水系等《主尺度系列》做出了规定：要求航运业者按照《主尺度系列》建造船舶；明确《主尺度系列》实施和管理工作负责部门；要求相关交通运输部门、海事管理和船舶检验机构制定、完善相关措施，保证《主尺度系列》的实施。

2013年3月8日，发布了《“十二五”期推进全国内河船型标准化工作实施方案》，提出了指导思想、工作目标、实施方案、经济鼓励政策、保障措施，明确了实施范围及推进全国内河船型标准化的时间表。

● **资金政策落实**

为进一步改善农村渡船状况，将农村老旧渡船更新奖励政策延续至2015年底，并印发了《做好农村老旧渡船报废更新工作的通知》。完成了2012年度全国岛际和农村水路客运补助用油量统计分析和报送工作，落实燃油补贴政策，促进岛际和农村水路客运发展，保障群众出行。

2013
CHINA

第4章 集装箱运输

4.1 中国集装箱港口

2013年，我国港口集装箱吞吐量继续稳定增长，全年完成集装箱吞吐量1.90亿TEU，比上年增长7.2%，增速放缓1.2个百分点，吞吐量继续保持全球第1位。沿海港口完成集装箱吞吐量1.70亿TEU，比上年增长7.4%，增速放缓0.6个百分点；内河港口完成集装箱吞吐量2053万TEU，比上年增长5.3%，增速放缓7.0个百分点。

● 集装箱港口特点

1. 外贸集装箱吞吐量增速小幅回升

2013年，全国规模以上港口完成外贸集装箱吞吐量10060.4万TEU，比上年增长2.8%，增速较上年加快0.8个百分点。

2. 内贸集装箱吞吐量比重继续扩大

在我国经济平稳增长、国内投资与居民消费需求不断上升的情况下，内贸集装箱吞吐量保持稳定增长。2013年，全国规模以上港口内贸集装箱吞吐量比上年增长13.3%，比外贸吞吐量增幅高出10.5个百分点；占全国规模以上港口集装箱总吞吐量的比重达到36.6%，比上年扩大2.0个百分点，呈继续扩大趋势。

3. 各区域发展更趋平衡

2013年，全国港口集装箱吞吐量超过100万TEU的港口由上年的22个增加到24个，其中沿海港口由18个增加到20个，内河港口保持4个。环渤海港口集装箱吞吐量增速相对较快，占全国港口总吞吐量的比重达到27.7%，比上年增加约1.2个百分点。

4. 港口联动进一步加强

沿海主要干线港口不断拓展腹地范围，进一步加强与支线港联动，深化战略合作。如：上海港与嘉兴港合作开发独山港区，宁波—舟山港与嘉兴港合作开发海盐港区；天津港推动津冀港口合作上新台阶，打造津冀物流网络互联互通平台；福建海峡西岸港口群大力推进“借闽出海”物流通道，发展向莆铁路铁水联运；大连港强化环渤海、环黄海地区的支线网络布局，开通大连—黄骅、大连—潍坊集装箱班轮航线；虎门港打破传统驳船中转模式，建立虎门港至广西等地的集疏运体系等。

● **10大集装箱港口**

2013年，我国前10大集装箱港口完成集装箱吞吐量14692万TEU，占全国港口集装箱总吞吐量的77.6%，比上年下降1.1个百分点（见表4.1）。

2013年中国前10大集装箱港口吞吐量 表4.1

单位：万TEU

名　次	港　口	吞吐量	比上年增长（%）	重箱出港	重箱进港
1（1）	上海	3361.68	3.3	1537.82	999.52
2（2）	深圳	2327.85	1.5	1122.04	437.25
3（3）	宁波—舟山	1735.07	7.3	745.35	315.13
4（5）	青岛	1552.19	7.0	611.18	382.59
5（4）	广州	1531.11	5.3	560.65	597.12
6（6）	天津	1301.22	5.8	456.68	337.40
7（7）	大连	1001.49	24.2	294.66	265.74
8（8）	厦门	800.80	11.2	344.08	202.12
9（10）	连云港	548.77	9.3	112.45	102.02
10（9）	苏州	530.52	-9.5	191.93	197.52

注：（ ）内为2012年位次

4.2 中国国际集装箱运输

2013年，我国规模以上港口完成国际集装箱吞吐量10060.4万TEU，比上年增长2.8%。其中，沿海规模以上港口完成9696.8万TEU，比上年增长2.7%，内河规模以上港口完成363.6万

TEU，比上年增长4.4%。总体呈现以下特征：

1. 运输需求增速回升

2013年，在我国外贸出口额增速企稳的背景下，外贸集装箱出口止跌。全年外贸出口贸易额增速与上年持平。分货种来看，传统适箱货出口贸易额增速出现回升，服装、纺织品、鞋类、家具、塑料制品、箱包和玩具等7大类劳动密集型产品出口额增速比上年上升1.7个百分点，机电产品出口额增速比上年下降1.3个百分点。分地区来看，对欧盟、美国出口贸易额增速分别为4.7%、1.1%，对日本出口下降5.1%；对东盟、俄罗斯、非洲等新兴市场出口增速超过平均水平，但增速有所回落。

2. 运力投入不断扩大

在外贸集装箱吞吐量企稳回升的背景下，大型船舶纷纷投入到我国外贸航线上。第一季度，船公司受上年"冬季计划"影响，对运力投放仍采用严格控制措施。第二季度后，由于运输需求略有改善，加之新造船到期交付，船公司陆续扩大运力投放，大量10000TEU以上型船舶被配置到欧洲航线上，8000TEU型船舶进入北美航线，5000~6000TEU型的集装箱船舶进入波红、澳新、南美等其他航线，各航线运力规模逐级扩张。

3. 旺季不旺特征明显

2013年，我国集装箱外贸运输需求呈现良好发展势头，但舱位供给增长速度更快，运输市场供大于求的状况不断加剧，淡化了运输需求上升而产生的旺季特征。第三季度传统旺季运价水平欲振乏力。2013年，上海航运交易所发布的中国出口集装箱综合运价指数平均值为1082.09点，比上年下跌7.4%，主要航线运价均呈下跌态势，其中，欧洲、地中海、波红等西行航线运价指数达两位数跌幅（见表4.2，见图4.1）。

2013年中国出口集装箱典型航线运价指数　　表4. 2

航　线	2013年平均	比上年平均增长（%）	2013年1月4日	2013年12月27日	年末较年初增长（%）
综合指数	1082.09	-7.4%	1109.89	1084.44	-2.3%
欧洲	1353.74	-11.5%	1449.96	1457.91	0.5%
地中海	1388.40	-12.6%	1317.38	1527.52	16.0%
美西	1059.76	0.9%	1066.47	975.84	-8.5%
美东	1217.22	-2.2%	1222.40	1187.79	-2.8%
澳新	957.70	-2.7%	1024.37	950.27	-7.2%
波红	983.98	-17.5%	917.66	874.05	-4.8%
日本	773.42	-0.4%	775.55	792.33	2.2%
韩国	616.69	-1.0%	607.99	657.57	8.2%

资料来源：上海航运交易所

● **北美航线**

2013年，中国对美国出口贸易量稳中有升，北美航线运输需求保持稳定增长。据美国通关数据服务公司（PIERS）统计，全年我国对美国出口集装箱运输量为850万TEU，比上年增长3.3%，增幅比上年扩大1.8个百分点。但由于运力增幅超过需求增幅，美西、美东航线年内数次涨价力度均小于上年。一季度，受益于上年末的运力控制措施，美西、美东航线运价小幅上升。二季度起，班轮公司逐步扩大运力供给，4月初的涨价幅度明显低于年初。下半年，传统运输旺季来临，班轮公司大量重启闲置运力，美西航线8000TEU型船陆续投入，市场运价逐级走低，9月后跌至2000美元/FEU以下，美东航线上由于船公司新开辟多条途经苏伊士运河的航线，导致运力扩张规模更为明显，数次运价上涨均未能全额执行，市场运价逐步下降。2013年，上海航运交易所发布的中国出口至美西、美东航线运价指数年平均分别为1059.76点、1217.22点，比上年上涨0.9%、下降2.2%（见图4.2）。

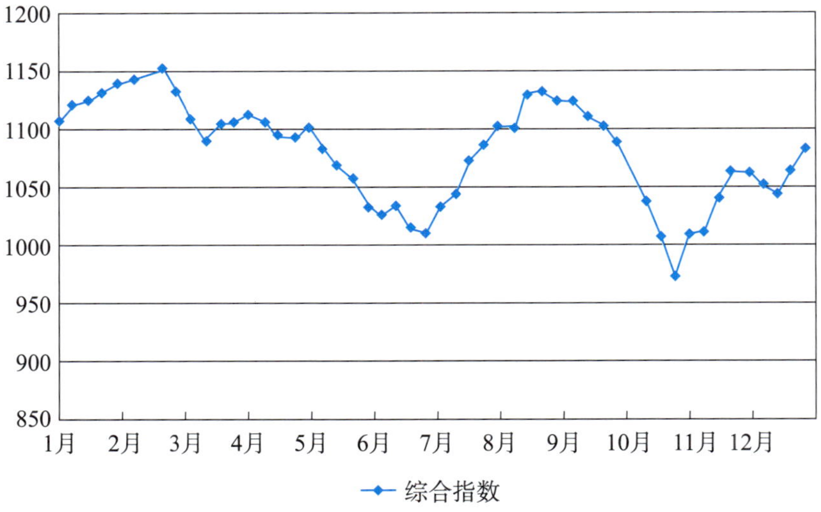

资料来源：上海航运交易所

图4.1　2013年中国出口集装箱综合运价指数走势图

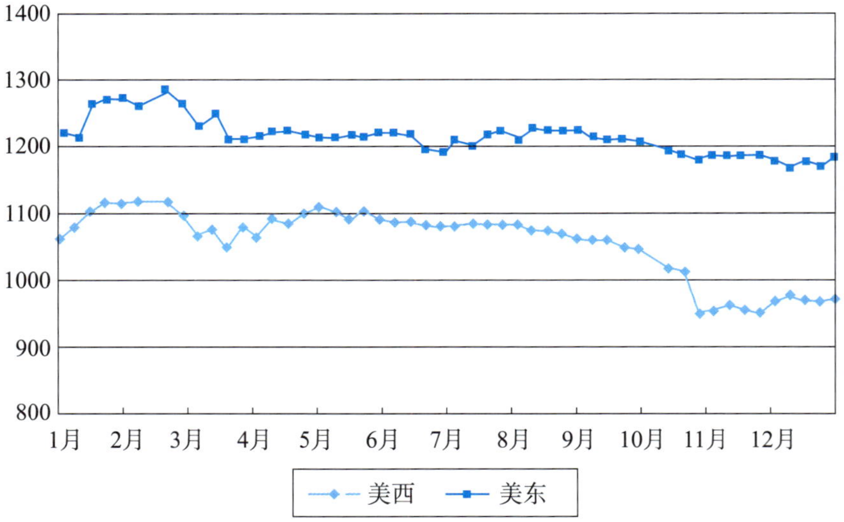

资料来源：上海航运交易所

图4.2　2013年中国出口至美西、美东航线运价指数图

● 欧洲、地中海航线

欧元区经济复苏推动中欧集装箱贸易反弹。据集装箱贸易公司（CTS）统计，全年我国对欧洲出口集装箱运输量为1002万TEU，比上年增长5.1%，增幅比上年扩大9个百分点。但受到新增运力集中交付影响，航线运力大幅扩张，市场多空因素并存博弈，全年运价走势起伏明显。上半年，10000TEU以上型船扎堆入市，对市场运价产生巨大冲击，船公司3月初的涨价措施收效甚微，市场运价呈明显下行走势。第三季度，传统旺季运输需求明显回升，同期新增订单交付量收缩，供需矛盾趋缓，导致运价水平大幅反弹，地中海、欧洲航线市场先后冲高至1500美元/TEU左右后，一路下行。第四季度，传统淡季运输需求开始回落，但随后多数船公司适时收缩运力供给，市场运价止跌反弹。2013年，上海航运交易所发布的中国出口至欧洲、地中海航线运价指数年平均分别为1353.74点、1388.40点，比上年下跌11.5%、12.6%（见图4.3）。

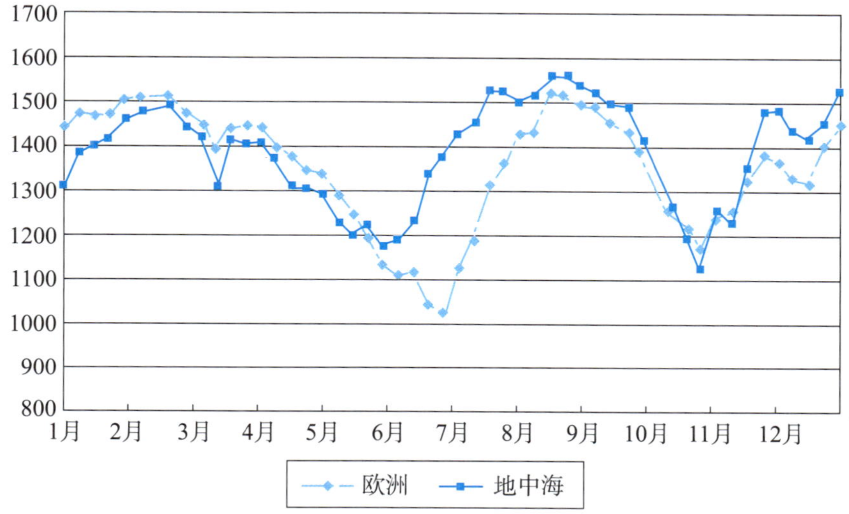

资料来源：上海航运交易所

图4.3　2013年中国出口至欧洲、地中海航线运价指数图

● 澳大利亚航线

据海关统计，2013年我国对澳大利亚出口贸易小幅下降，降幅为0.4%。中国出口至澳大利亚航线运量增速比上年明显放缓。而船公司大幅调配运力，全年市场行情一改往年市场运价相对稳定的特点，呈现出大幅波动的走势。1~4月，在亚澳运价协议组织（AADA）的协调下，市场运力供给相对比较平稳，市场运价保持在1000美元/TEU左右。5、6月份，在东西向主干航线运力交付压力下，船公司放宽运力供给，供需矛盾逐步凸显，市场运价大幅滑坡，至9月运价下跌至400美元/TEU左右。低迷的市场运价迫使船公司再度严控运力，且10月起圣诞货出运高峰来临，供需平衡得以恢复，第四季度三轮运价恢复计划顺利执行，市场行情触底反弹。2013年，上海航运交易所发布的中国出口至澳新航线运价指数年平均为957.70点，比上年下跌2.7%（见图4.4）。

● 波红航线

受万箱船大量交付影响，船公司将部分欧洲航线上的剩余运力投放至波红航线，加上部分欧洲航线船舶加挂中东地区口岸，导致运力规模大幅上升。全年供大于求的矛盾不断加剧。第一季度传统淡季，运输需求表现低迷，运价基本维持在700美元/TEU左右。第二季度受收货地斋月节前货主提前出货影响，运输需求大幅上升，市场运价同步走高。下半年，运输需求总体平淡，部分船公司收缩运力供给，并宣布涨价，但实际执行力度不足，市场运价在9月冲高后不断回落，至年末运价下跌至600美元/TEU左右。2013年，中国出口至波红航线运价指数年平均为983.98点，比上年大幅下跌17.5%（见图4.5）。

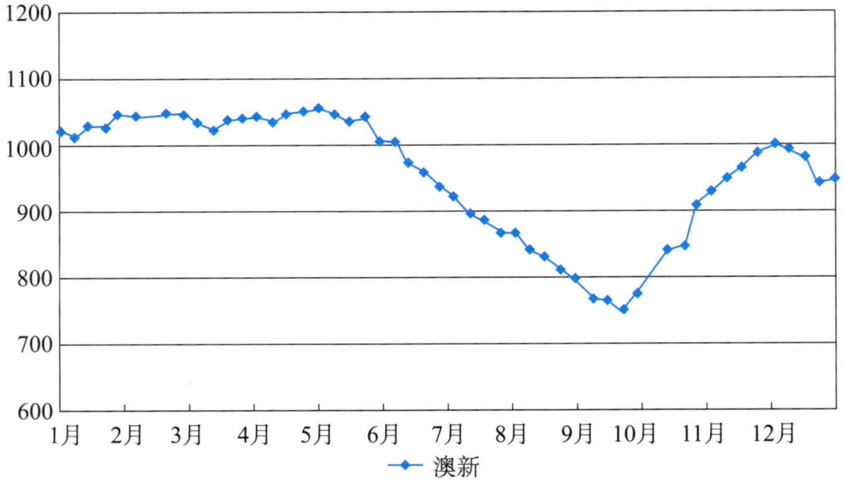

资料来源：上海航运交易所

图4.4　2013年中国出口至澳新航线运价指数图

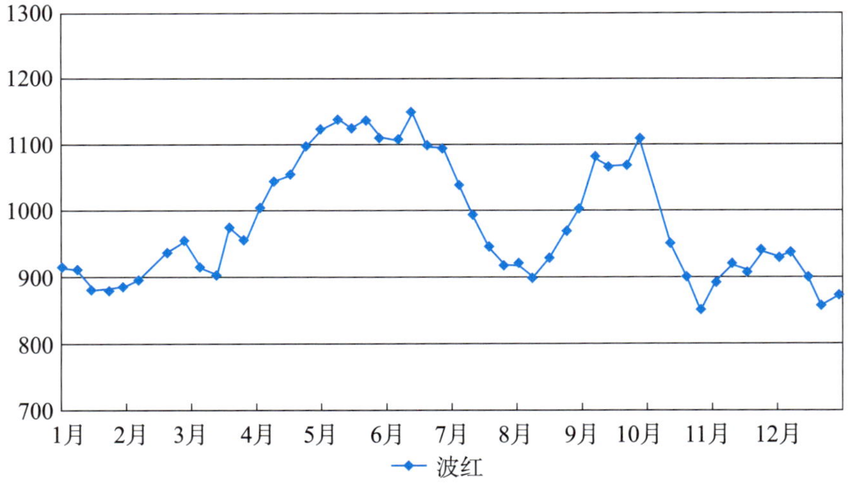

资料来源：上海航运交易所

图4.5　2013年中国出口至波红航线运价指数图

● 日本航线

据海关统计，2013年我国对日本出口贸易下降5.1%。据上海航运交易所统计，中国主要港口出口至日本集装箱运量与上年基本持平，部分船公司逐步加大对运力供给的控制力度，供需关系略有改善，全年中国主要港口出口至日本航线船舶平均舱位利用率约70%，比上年略上升。全年运价呈前低后高态势。2013年，中国出口至日本航线运价指数年平均为773.42点，与上年基本持平（见图4.6）。

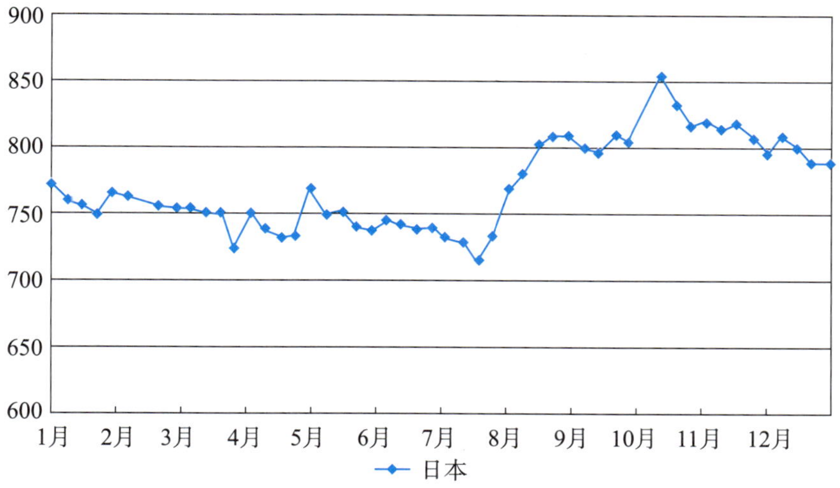

资料来源：上海航运交易所

图4.6 2013年中国出口至日本航线运价指数图

● **韩国航线**

2013年，中韩两国海运贸易量小幅上升。据中韩黄海协议会统计，其成员公司承运的中韩两国间集装箱海运量269.8万 TEU，比上年增长4.5%。其中我国出口至韩国143.3万TEU，与上年基本持平；自韩国进口126.5万 TEU，比上年增长10.1%。由于总体运力过剩，韩国航线运价全年低位震荡，一季度船公司价格竞争激烈，部分口岸运价大幅滑坡，二、三季度，各主要船公司倡导行业自律，抑制恶性竞争，市场运价有所反弹。2013年，中国出口至韩国航线运价指数年平均为616.69点，比上年下跌1.0%（见图4.7）。

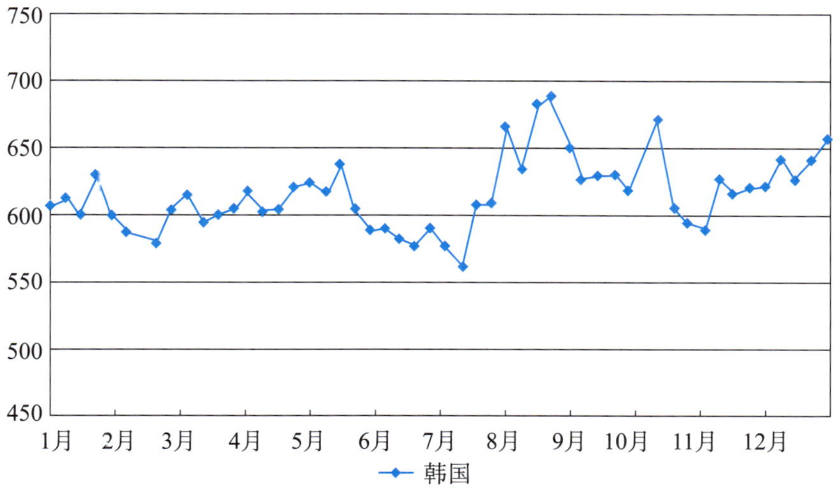

资料来源：上海航运交易所

图4.7 2013年中国出口至韩国航线运价指数图

4.3 中国国内集装箱运输

● **内支线运输**

2013年，我国内支线运输继续保持平稳增长，全年规模以上港口完成内支线集装箱吞吐量1941.1万TEU，比上年增长9.5%。其中，沿海完成内支线吞吐量1422.4万TEU，比上年增长12.0%；内河完成内支线吞吐量518.7万TEU，比上年增长3.2%（见表4.3）。

我国沿海主要集装箱港口进一步加强对周边腹地的辐射力度，促进沿海内支线集装箱吞吐量不断增长。2013年，我国沿海港口内支线吞吐量增速高于沿海港口总吞吐量增速4.7个百分点。在国家大力发展"长江经济带"、长江黄金水道的战略背景下，长江沿岸经济带合作进一步加强，有力带动了长江干线中上游港口集装箱内支线吞吐量呈两位数增长。2013年，长江中游主要港口集装箱内支线吞吐量为132.8万TEU，比上年增长13.2%；长江上游主要港口集装箱内支线吞吐量为49.6万TEU，比上年增长11.6%。

2013年中国前10大集装箱港口内支线吞吐量 表4.3

单位：万TEU

	内支线吞吐量	比上年增长（%）
上海	441.42	3.5%
深圳	213.40	33.1%
广州	180.18	18.3%
苏州	150.68	–16.8%
宁波—舟山	136.96	9.9%
青岛	97.37	4.3%
大连	66.17	10.8%
南京	62.02	11.5%
厦门	64.52	26.5%
武汉	56.09	13.7%

● **内贸集装箱运输**

2013年，我国规模以上港口完成内贸集装箱吞吐量6940.4万TEU，比上年增长13.3%，增速放缓3.3个百分点。其中，沿海完成内贸吞吐量5782.3万TEU，比上年增长14.7%；内河完成内贸吞吐量1158.1万TEU，比上年增长6.6%。分区域来看，华北港口快速发展，全年共完成内贸集装箱吞吐量2790.8万TEU，比上年增长18.2%，占全国内贸集装箱总吞吐量比重40.2%，比上年扩大1.7个百分点；华东港口完成内贸集装箱吞吐量1434.0万TEU，比上年增长15.2%，占内贸总吞吐量比重20.7%，比上年扩大0.3个百分点；华南港口完成内贸集装箱吞吐量1557.5万TEU，比上年增长11.7%，占内贸总吞吐量比重有所收缩（见表4.4）。内河港口完成内贸集装箱吞吐量1158.1万TEU，比上年增长6.6%。

2013年中国前10大集装箱港口内贸线吞吐量

表4.4

单位：万TEU

	内贸吞吐量	比上年增长（%）
广州	911.74	2.9%
天津	573.91	5.0%
营口	519.62	9.5%
大连	483.74	42.2%
上海	478.07	9.4%
青岛	470.67	18.9%
苏州	348.71	-8.7%
连云港	221.59	19.7%
厦门	218.79	25.3%
日照	198.78	18.0%

港航企业不断提升合作水平，大幅拓宽航线覆盖面，进一步完善沿海内贸运输网络。大连港集团与上海中谷海运集团签署战略合作协议，新增“中谷新良太仓”等多条集装箱航线；烟台港着力打造内贸中转平台，开辟至龙口、莱州、寿光的内贸航线；惠州港联手中远集运，开辟“惠州—上海—蛇口”直航航线；海门东灶港和洋浦中良航运有限公司签订合作协议，开通“营口—海门”航线；虎门港与中外运长航等8家航运公司开展合作，开通“天津—虎门”、“营口—虎门”、“福州—虎门”等多条内贸直达航线。2013年，我国沿海港口内贸集装箱吞吐量增速超过沿海港口集装箱总吞吐量增速约7.4个百分点。

4.4　中国集装箱运输企业与船队

2013年，我国集装箱船队规模不断扩大，运力规模达170.16万TEU，比上年增长8.1%。

在全球集装箱运输企业不断扩大控制船队运力规模的背景下，我国企业也增强了对船队规模的投入。截至2013年底，具有国际班轮运输业务经营资格的中国企业41家，前10大集装箱运输企业控制船舶运力为805艘、172.7万TEU，运力规模比上年末前10大企业增长7.9%，增幅比上年扩大7.1个百分点。集装箱船队继续朝大型化趋势发展，前10大集装箱运输企业中多数企业船舶平均载箱位比上年增长，其中，排名前3位的中远集运、中海集运、中外运长航船舶平均载箱位分别比上年增长7.4%、1.0%、16.6%（见表4.5）。

中国航运企业经营的集装箱船队规模（截至2013年12月31日） 表4.5

排名	企业名称	艘数	总箱位数（TEU）	比上年增长（%）	船舶平均载箱位（TEU）	比上年增长（%）
1	中国远洋运输（集团）总公司	188	878146	16.0%	4671	7.4%
2	中国海运（集团）总公司	161	612324	2.9%	3803	1.0%
3	中国外运长航集团有限公司	196	82507	12.6%	421	16.6%
4	新海丰集装箱运输有限公司	61	63706	6.9%	1044	3.4%
5	泉州安盛船务有限公司	23	23994	50.4%	1043	11.2%
6	重庆川江船务有限公司	56	17824	40.1%	318	0.1%
7	民生轮船有限公司	51	17577	3.6%	345	–4.6%
8	上海海华轮船有限公司	19	12327	8.4%	649	2.7%
9	海航物流有限公司	7	9847	–32.0%	1407	–12.6%
10	上海集海航运有限公司	43	9225	12.0%	215	6.8%

资料来源：上海航运交易所根据各公司报送情况整理

4.5 世界集装箱运输

● 世界集装箱运输市场

1. 运输需求增速加快

全球集装箱海运需求增速加快。据克拉克森统计，2013年，全球集装箱海运量1.60亿TEU，比上年增长4.6%，增速比上年加快1.2个百分点。其中，亚欧航线运量比上年增长4.5%，增速比上年加快6.0个百分点；太平洋航线运量增长4.3%，增速比上年加快4.3个百分点；大西洋航线运量增长1.6%，增速与上年持平。

2. 运力规模继续扩展

大型船舶运力规模继续呈高速增长态势，中小型船舶运力规模收缩。据克拉克森统计，截至2013年12月31日，世界全集装箱船舶总运力达1711.8万TEU，比上年底增长5.5%。其中，8000TEU及以上集装箱船运力达559.7万TEU，比上年增长19.3%，占总运力比重达32.7%，比上年扩大3.8个百分点。中小型船舶拆解规模继续保持明显扩张，全年集装箱船舶拆解量达43.9万TEU，比上年增长32.1%，所有拆解船舶均为8000TEU以下型船。

3. 运输市场竞争激烈

集装箱运输市场继续呈供大于求的态势，市场行情总体走低。第一季度，船公司运力投放相对严格，市场行情总体稳定。第二、三季度，班轮公司逐步放开运力供给，据Alphaliner统计，9月底全球集装箱船舶闲置运力占船队比例约为2.4%，比3月底减少约2.6个百分点，同时，超大型集装箱新船大量交付，市场有效运力增速高于运输需求增速，导致市场行情上升动力不足。第四季度，进入传统淡季，班轮公司收缩舱位供给，市场行情逐步企稳。

2013年，世界集装箱租船市场行情呈稳步上升趋势。前4个月集装箱租金水平快速上升，至5月2日豪罗宾逊集装箱船舶租金指数达到年内次高点，为505.2点；5月下旬至6月底租金指数进入盘整期，部分船型租金价格小幅下滑；第三季度租金价格在运输市场旺季行情的推动下继续上升，至第四季度传统淡季来临，租金水平缓慢下滑。2013年，豪罗宾逊集装箱船租金指数平均为490.99点，比上年上涨2.8%（见图4.8）。

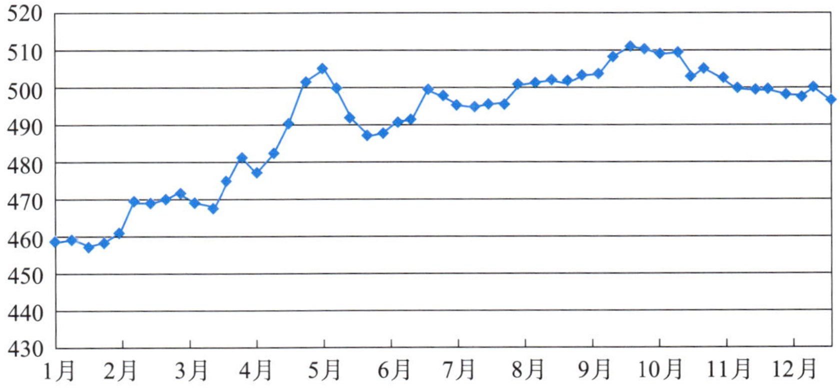

资料来源：劳氏日报

图4.8　2013年豪罗宾逊集装箱船租金指数图

● **世界集装箱港口**

2013年，全球集装箱港口吞吐量持续增长，世界前20大集装箱港口总吞吐量共计完成2.94亿TEU，比上年增长3.4%，上海港以3362万TEU的成绩连续第4年位列全球第1。在前20大港口中，中国大陆港口集装箱吞吐量合计达到13601万TEU，比上年增长6.1%，比重达到46.3%，比上年扩大1.2个百分点（见表4.6）。

2013年全球20大集装箱港口吞吐量排名表　　表4.6

单位：万TEU

排　名	港　　口	所属国家/地区	2013	2012	年增长（%）
1（1）	上海	中国	3362	3253	3.4%
2（2）	新加坡	新加坡	3258	3165	2.9%
3（4）	深圳	中国	2328	2294	1.5%
4（3）	香港	中国香港	2235	2313	-3.4%
5（5）	釜山	韩国	1769	1704	3.8%
6（6）	宁波—舟山	中国	1735	1617	7.3%
7（8）	青岛	中国	1552	1450	7.0%
8（7）	广州	中国	1531	1455	5.2%
9（9）	迪拜	阿联酋	1364	1330	2.6%

续上表

排 名	港 口	所属国家/地区	2013	2012	年增长（%）
10（10）	天津	中国	1301	1230	5.8%
11（11）	鹿特丹	荷兰	1166	1190	–2.0%
12（12）	巴生	马来西亚	1035	1001	3.4%
13（13）	高雄	中国台湾	994	978	1.6%
14（17）	大连	中国	991	806	23.0%
15（14）	汉堡	德国	928	886	4.7%
16（15）	安特卫普	比利时	858	864	–0.7%
17（16）	洛杉矶	美国	808	808	0.0%
18（19）	厦门	中国	801	720	11.3%
19（18）	丹戎帕拉帕斯	马来西亚	763	772	–1.2%
20（20）	雅加达	印度尼西亚	621	617	0.6%

注：（）内数据为2012年排名

资料来源：上海航运交易所整理

● **全球班轮运输企业**

世界班轮运输企业控制船队规模总体呈扩大态势。据Alphaliner统计，截至2013年12月31日，全球20大班轮公司控制船队规模合计1488.49万TEU，比上年末增长6.5%。排名前3位的班轮公司位次保持不变，控制运力规模合计644.96万TEU，比上年末增长4.1%；长荣集团、赫伯罗特、美国总统、日本邮船、太平船务等5家班轮公司两位数以上增长，特别是太平船务运力规模比上年末增长26.6%（见表4.7）。

全球20大班轮公司运力排名表（截至2013年12月31日） 表4.7

排 名	公 司	船队规模总计		比上年末增长（%）	订造船舶		占现有运力比重（%）
		艘数	TEU		艘数	TEU	
1（1）	马士基航运	571	2576507	–0.5	16	292320	11.3
2（2）	地中海航运	474	2371752	6.9	39	448254	18.9
3（3）	达飞集团	425	1501385	8.2	24	246157	16.4
4（4）	长荣集团	204	846699	15.7	21	220788	26.1
5（5）	中远集运	163	776569	8.2	4	53544	6.9
6（6）	赫伯罗特	151	725306	13.6	3	39507	5.4

续上表

排　名	公　司	船队规模总计		比上年末增长（%）	订造船舶		占现有运力比重（%）
		艘数	TEU		艘数	TEU	
7（8）	美国总统	123	641214	13.4	8	83200	13.0
8（7）	韩进海运	115	627027	8.0	12	110720	17.7
9（9）	中海集运	133	592125	6.8	13	172000	29.0
10（10）	商船三井	110	547464	8.1	7	76600	14.0
11（11）	东方海外	87	458360	2.7	6	61968	13.5
12（13）	日本邮船	102	457529	11.9	—	—	—
13（12）	汉堡南美	104	451295	7.8	16	139026	30.8
14（18）	太平船务	175	373859	26.6	13	51050	13.7
15（14）	阳明海运	87	370327	3.0	21	238758	64.5
16（16）	川崎汽船	66	347803	0.1	5	69350	19.9
17（15）	现代商船	59	336017	–4.9	11	125500	37.3
18（17）	以星航运	87	332249	4.4	8	85408	25.7
19（19）	阿拉伯航运	50	278442	2.2	12	178000	63.9
20（20）	南美轮船	54	273008	4.2	8	73700	27.0

注：（ ）内数据为2012年12月17日排名

资料来源：Alphaliner

2013
CHINA

第5章 航运服务业

5.1 船舶代理和无船承运

● 国际船舶代理

按照国务院机构改革和职能转变的要求，为进一步转变政府职能，交通运输部2013年取消了“国际船舶代理业务审批”项目。为做好事中事后监管，委托中国船舶代理及无船承运人协会承担国际船舶代理企业备案受理工作。

截至2013年底，取得经营资质的国际船舶代理企业达到2097家。其中，中外合资21家，香港与内地合资46家。

据中国船舶代理及无船承运人协会不完全统计，2013年，我国国际船舶代理企业代理的国际航线进出口船舶30.1万艘次，代理货量19.2亿吨、集装箱量9086万TEU。

● 无船承运

截至2014年1月3日，取得无船承运人（NVOCC）经营资格的企业达4644家。其中，香港地区147家，台湾地区4家，澳门地区1家，外国399家。

据中国船舶代理及无船承运人协会不完全统计，

自交通运输部推行无船承运保证金责任保险制度以来，投保企业约占无船承运人的34%。为缓解无船承运人资金压力，保障有关各方合法权益，进一步完善无船承运管理制度，2013年9月30日发布《关于试行无船承运业务经营者保证金保函制度操作办法的通知》，于2013年10月1日起试行无船承运业务经营者保证金保函制度，扩大了无船承运保证金缴存机构范围，供无船承运人选择。

2013年8月，财政部和国家税务总局在全国范围内开展交通运输业和部分现代服务业营业税改征增值税试点，于12月12日发布了《营业税改增值税试点有关事项的规定》，对国际货运代理销售额做出新的认定。

专栏5.1　发布《营业税改增值税试点有关事项的规定》

财政部、国家税务总局于2013年12月12日发布了《营业税改增值税试点有关事项的规定》（简称《规定》），宣布自2014年1月1日起实行。《规定》对国际货运代理的销售额做出了新的认定，“试点纳税人中的一般纳税人提供国际货物运输代理服务，以其取得的全部价款和价外费用，扣除支付给国际运输企业的国际运输费用后的余额为销售额。”这意味着在我国境内从事国际货运和国际船舶代理企业将享受更加合理的增值税纳税起征点，有利于降低航运物流企业的税收成本。

5.2　船舶检验

截至2013年底，中国船级社设有18个分社、27个办事处。另外，全国共有29个省级船检机构、442个分支机构。经批准的国外船舶检验机构驻华验船机构22个。

截至2013年底，全国船舶检验机构共检验登记船舶23.59万艘、17580万总吨。其中，国际航行船舶2201艘、3468万总吨；国内航行船舶23.37万艘、14112万总吨。

- **船舶检验管理**

1. 国内船舶安全检验

2013年，各直属海事局共实施国轮安全检查12万艘次，较上年增加2.5万艘次。其中，海船安检3万艘次，较上年增加0.4万艘次，滞留1213艘次，滞留率为3.99%，较上年下降2.58个百分点；河船安检9万艘次，较上年增加2.1万艘次，滞留3042艘次，滞留率为3.31%，较上年下降1.05个百分点。

2. 港口国监督检查

2013年，中国国际航行船队在全球履约状况总体稳定，继续保持低滞留率。全年中国籍国际航行船舶有983艘次在亚太地区接受港口国监督检查，较上年增加146艘次，其中8艘次船舶被滞留，被滞留率为0.81%，较上年降低0.15个百分点，低于亚太地区4.51%的平均滞留率。综合考虑亚太、巴黎、黑海三个备忘录地区和美国海岸警卫队的检查，中国籍国际航行船舶共有10艘次在外被滞留。

3. 船舶检验人员

完善注册验船师考试制度，提高验船队伍的综合素质。截至2013年底，全国共有注册验船师6381名。其中，A级注册验船师2612名，B级注册验船师1471名，C级注册验船师2030名，D级注册验船师268名，分别比上年底增加5.6%、5.4%、9.9%、14.5%。

4. 船舶检验综合管理

继续开展船舶吨位丈量统一管理和船舶吨位丈量复核发证工作。加强船检技术支持体系和技术规定建设，促进船检工作科学发展。强化船舶法定检验管理，提升船检机构的业务水平。推动船舶节能减排，做好内河LNG燃料动力船舶改造试点工作；建立船舶节能减排评价考核体系，开展国内航行船舶新船能效设计指数EEDI、船舶能效营运指数EEOI等的研究工作；加大船检质量技术监督力度，切实把好船舶检验质量关；加强船舶检验技术数据库优化工作，组织全国船舶检验机构开展全国客渡船专项工作。

● **中国船级社服务状况**

1. 国际航行船舶检验业务继续增长

2013年，中国船级社完成国际航行入级新造船完工179艘、448万总吨，新增国际航行新造船订单251艘、807万总吨。截至2013年底，中国船级社开展的国际航行入级船舶达3017艘、6284万总吨，比上年底增长8.9%。

2. 国内航行船舶检验业务稳步增长

2013年，中国船级社完成国内航行入级新造船完工726艘、288万总吨，新增国内航行新造船订单690艘、192万总吨。截至2013年底，中国船级社检验的国内航行船舶达9491艘，2516万总吨，比上年底增长了8.8%。

3. 检验服务质量不断提高

中国船级社船舶检验质量不断提升，获得了国内外多家专业机构的充分认可。2013年，船舶港口国检查质量表现优异，滞留艘次比上一年下降37.2%，创历史最低。在东京备忘录（TOKYO MOU）、巴黎备忘录（PARIS MOU）和美国海岸警备队（USCG）的检查中，责任滞留为零；国内航行船舶接受船旗国安全检查（FSC）责任滞留为零。

4. 技术能力显著提高

继续加大科技研发力度，开展超大型船舶、LNG运输船舶关键技术和能效技术应用研究。积极推进绿色技术在三大主力船型的应用，联合开发了新的LNG动力集装箱船型。完成了《LNG燃料动力船建造和入级规范》等技术标准，完成国内首艘双燃料动力船入级服务、1100箱双燃料推进船型开发认可和首艘内河LNG加注趸船检验服务。完成绿色新能源应用等技术研究。组织新公约、新决议和船旗国法定要求的实施，完成了188项IMO新技术决议、221项IACS新技术决议和356项船旗国要求的技术转化。建立独立的海警舰艇检验技术规范体系，完成《天然气燃料动力船舶法定检验暂行规定》等8部法规的编制工作。

5. 对外合作交流不断推进

积极开展对外合作。扩展了法定业务授权，与帕劳海事主管机关签订了法定检验授权协议，获得马耳他、利比里亚、澳大利亚等海事主管机关海事劳工公约检查的授权。积极参与国际海事技术标准和国际船级社协会技术活动，向国际海事组织提出22份提案。加强国际交流与合作，加强与船旗国的沟通，拜访了美国、韩国、阿根廷、澳大利亚等港口国主管机关，与国际及周边主要船级社开展了技术和业务交流合作。

5.3 船舶交易

● **船舶交易情况**

1. 新造船市场反弹，量价齐升

2013年，新造船订单量呈现大幅增长趋势。新造船价格自5月份开始触底反弹，第四季度呈现快速上涨态势，其中，散货船和集装箱船造价涨幅居前。我国造船三大指标涨跌互现。据中国船舶工业行业协会统计，2013年，我国造船完工量为4534万载重吨，比上年下降24.7%；新接订单量为6984万载重吨，比上年增长242%；截至2013年底，手持订单量为1.31亿载重吨，比上年末增长22.5%。按载重吨计，三大指标占世界市场的份额分别为41.4%、47.9%和45.9%，均位居世界第一。

造船业订单结构得到优化。LNG、LPG、超大型集装箱船和海工平台等高附加值船舶订单增长明显，海工装备订单在全球市场份额中提高了16%。

2. 二手船市场回暖，船价跌幅减少

自下半年开始二手船市场呈现复苏暖意，成交量增加两成以上。上海航运交易所发布的上海船舶价格指数自4月份开始缓慢回升，全年平均为788.06点，比上年下跌2.1%（见表5.1），跌幅较上年减少10.1个百分点。各典型船舶价格小幅下跌，其中内贸沿海散货船舶平均价小幅上涨2.1%。

上海船舶价格指数　　表5.1

船舶价格指数	2013年平均	比2012年平均上涨（%）
上海船舶价格指数（SPI）	788.06	–2.1
国际油轮船价指数（TPI）	675.47	–11.2
国际散货船价指数（BPI）	564.58	–8.0
国内沿海散货船价指数（CBPI）	746.54	2.1
国内内河散货船价指数（IBPI）	915.71	平

数据来源：上海航运交易所

3. 废钢船增幅回落，拆船价格继续下滑

船舶拆解量略有增长。据统计，2013年，中国拆船协会会员企业共计拆解各类废钢船约249万轻吨，比上年微增1.6%。国内废钢船、进口废船拆解量出现分化，拆解国内废钢船吨位比上年增长190%，而进口废钢船吨位则比上年减少13%。

废钢船拆船价格继续下滑。据上海航运交易所统计，油轮和散货船年平均拆船价分别359.24美元/轻吨、349.95美元/轻吨，比上年下跌7.5%、8.6%。

● **船舶交易管理**

2013年，中国船舶交易信息平台共接收4715艘次的船舶成交信息报送。其中，干散货船3128艘次，油轮250艘次，集装箱船76艘次，化学品船71艘次，液化气船15艘次。

为规范船舶交易服务机构收费，推广船舶交易服务诚信体系，提升船舶交易服务水平，明确规定将船舶交易服务费与船舶交易价格脱钩，改为按次定额收取服务费，并限定额度。对航运集团所属全资或控股子公司之间船舶资产划拨涉及所有权变更的船舶，以及对企业兼并重组涉及所有权变更的船舶，免于进场交易。

5.4　船舶修理

2013年，全国规模以上船舶修理企业150个。其中，国有控股企业25个，集体控股企业10个，私人控股企业108个，港澳台商控股企业 1个，外商控股企业4个，其他企业2个。

全球航运市场的复苏缓慢对我国船舶修理业带来了较大影响，2013年修船行业仍然面临着成本上升、产能过剩和持续低价竞争等危机，修船市场行情继续低迷。

据中国船舶工业行业协会统计，2013年，船舶行业重点检测修船企业完成船舶修理3608艘，比上年增长2.9%，但船舶修理产值129亿元，比上年下降1.7%。其中，15家主要修船企业修理船舶共计3482艘，比上年增长0.4%，实现产值109.3亿元，比上年下降5.9%。产值排在前10名的企业完成修船产值99.7亿元，比上年增长4.4%，但仅有4家修船企业的产值实现增长，其中友联船厂的增速最快，达到24.6%，继续位居第1，舟山鑫亚则以16.9%的增速迅猛攀升到第2位（见表5.2）。

2013年主要企业修船产值　　表5.2

排　名	修船企业	船舶修理产值（亿元）	比2012年增长（%）
1	友联船厂（蛇口）有限公司	15.7	24.6%
2	舟山市鑫亚船舶修造有限公司	14.5	16.9%
3	大连中远船务工程有限公司	13.6	10.6%
4	中海工业有限公司	11.5	-2.5%
5	上海华润大东船务工程有限公司	11.2	6.7%
6	中船澄西船舶修造有限公司	10.1	0.0%
7	江苏新荣船舶修理有限公司	6.3	-16.0%
8	青岛北海船舶重工有限责任公司	6.1	-7.6%
9	浙江半岛船业有限公司	5.6	-6.7%
10	中船澄西远航船舶（广州）有限公司	5.1	-10.5%

数据来源：中国船舶工业行业协会

由于国际航运市场的持续低迷导致船东对船舶进行大修的积极性不高，拖累修船市场行情，附加值较高的尾轴、舵系、机械工程等修理项目明显减少，大部分为换板、打砂、特涂等附加值不高的工程，单船修理工程量大幅降低，改装业务量大幅下跌。

5.5　航运金融和保险

● 航运金融

1. 国内船舶融资市场稳定发展

全球航运业已连续6年陷入低迷，欧洲银行近年陆续减少或退出船舶融资业务。2013年，国内银行业出现贷款额度偏紧的情况，而航运和造船业不景气，大部分企业利润率偏低，企业信用等级不高，银行业进一步收紧航运和造船业贷款。但有部分银行稳定开展船舶和航运融资服务。中国进出口银行2013年累计发放船舶出口卖方信贷240亿元、贷款余额269亿元，分别比上年增长34.8%和2.7%；累计发放船舶出口买方信贷约183亿元、贷款余额约458亿元，分别比上年增长66.4%和19.6%。同时，中国进出口银行加大高技术和高附加值船舶订造与出口，2013年以LNG船、海洋钻井平台、万箱集装箱船等为代表的高端产品签约金额占比81%，比上年提高近30个百分点，支持我国船舶工业转型升级。国家开发银行和兴业银行分别给予中船集团公司800亿元和400亿元的授信额度，助力中船集团公司全面转型、破局发展。

2. 国内船舶融资租赁企业开始业务转型和调整

融资租赁市场受制于船舶市场低迷，利润大幅下滑。金融租赁公司放缓船舶融资租赁板块的扩张步伐。截至2013年底，中国注册的金融租赁公司达到20家，总资产达到7300亿元。其中，工银租赁拥有近160艘船舶，约300万载重吨；民生金融租赁拥有各类船舶132艘，约400多万载重吨，规模均与上年基本持平；远东宏信有限公司累计签约船舶近800万载重吨。

在船舶融资租赁规模出现放缓的背景下，许多融资租赁公司加速了优化船型结构和国际化的步伐。2013年，民生金融租赁通过与全球第二大班轮公司地中海航运的合作，建造3艘1.84万TEU集装箱船；交银金融租赁分别在上海外高桥船厂和韩国大宇造船厂订造4艘9400TEU和3艘1.84万TEU的超大型集装箱船舶，这批船将以长租形式租借给地中海航运，在扬子江船业订造的6艘9400TEU超大型集装箱船租给达飞轮船；工银租赁与法国海洋石油与天然气服务公司Bourbon达成协议，签署其现有船队中总价值25亿美元船舶、为期10年的售后回租租约。融资租赁公司积极拓展海洋工程装备领域。中海油田服务股份有限公司与工银金融租赁有限公司开展了“南海七号”半潜式钻井平台的租赁业务。中国海洋石油工程股份有限公司与招银金融租赁有限公司合作，借助东疆保税港区船舶租赁平台，完成了“海洋石油289”轮租赁业务。

3. 航运和造船公司直接融资明显上升

2013年，国内航运和造船类公司直接融资比率明显上升。1月，中国船舶工业集团公司发行第一期超短期融资券，发行金额50亿元、期限270天。广船国际通过H股非公开增发，募集不超过25亿元人民币资金，补充公司流动资金。8月，天津海运增发34.48亿股、募集资金120亿元，用于购置10艘超大型油轮和4艘液化天然气运输船。9月，中国重工推出重大注资方案，定增募资84.80亿元。在银行贷款等间接融资收紧的情况下，直接融资对于补充航运和船舶类企业正常现金流和业务经营起着重要作用。

● 航运保险

1. 航运类相关保险费总体规模略有下降

2013年，国际航运市场仍处于低谷运行，船舶制造、航运和贸易等企业经营较为困难，航运类保险费总体规模略有收窄。据保监会统计，全年全国航运类保险费规模为156.47亿元，较上年下降0.6%。其中，船舶险保费规模为53.53亿元，比上年下降3.9%；货运险保费规模为102.94亿元，比上年增长1.2%。分地区来看，上海市、广东省和浙江省位列全国航运类保险费规模前3名，保险费规模分别为37.61亿元、16.66亿元和12.82亿元，分别较上年增长4.4%、下跌5.7%和4.0%。船舶险方面，上海市、浙江省和江苏省继续位列全国前3名，船舶险保费规模分别为23.71亿元、5.99亿元和5.04亿元，分别较上年增长4.8%、下跌11.1%和5.3%。货运险方面，上海市、广东省和北京市分别位列全国前3名，货运险保费规模分别为13.89亿元、12.71亿元和11.59亿元，分别较上年增长3.8%、下跌1.1%和8.3%。

分承保人来看，人保财险、太平洋保险和平安保险3家公司共占据全国81.1%的船舶险市场份额，较上年下降1.3个百分点；上述3家公司共占全国63.5%的货运险市场份额，较上年下降2.5个百分点。

保赔险方面，全年中国船东互保协会的业务量继续放缓。根据中国船东互保协会统计，2013年2月20日~2014年2月20日，中船保承保船舶1091艘，入会总吨近3300万总吨，较上年度基本持平。

2. 航运保险营运中心继续集聚上海

随着上海国际航运中心建设的深入推进，航运保险运营中心陆续落户上海。2013年，阳光财险和永安财险分别在上海建立航运保险运营中心。截至2013年底，全国5家航运保险运营中心已经落户上海。

专栏5.2　国内第一家专业性航运保险社团组织成立

为推动上海航运中心建设，我国第一家专业性航运保险社团组织——上海航运保险协会于12月26日在上海正式成立。上海航运保险协会定位于航运保险领域会员与政府之间的桥梁作用，协调航运上下游产业航运保险服务事宜，参与国际航运保险制度规则的制定和修改。上海航运保险协会的成立，是上海航运保险业务发展的新起点，将推动上海成为我国乃至国际航运保险定价中心之一，为中国航运保险业争取更多的话语权。

5.6　海事法律与仲裁

1. 海事审判案件

据最高人民法院统计，2013年全国海事法院新收海事案件（不含执行）约1.7万余件，旧存一审案件800余件，新收执行案件4400余件，旧存执行案件50余件，审结一审案件约1.69万件，执结案件4200余件。

2. 海事审判服务

广州、上海和宁波海事法院分别于2013年3月、7月公开发布《广州海事法院2012年度审判情况通报》、《2012年度上海海事法院海事审判情况通报》和《浙江海事审判情况报告（2012）》。海事审判白皮书增强了海事司法透明度，让社会公众更好了解、感知、参与和监督海事司法。根据白皮书通报：上海海事法院2012年共受理一审、执行等各类案件2571件，比上年上升29.8%，审结、执结案件2582件，比上年上升28.97%，涉案标的额26.26亿元，比上年上升50.5%；广州海事法院2012年新收案件2525件，比上年上升79.1%，办结案件2582件，比上年上升111.1%，结案率89.3%，比上年上升12.4%；宁波海事法院2012年受理各类案件4023件、涉案标的额达108.96亿元，分别比上年增加105.6%和219.3%，受案数量居全国各海事法院之首，创建院以来新高。

3. 海事立法

《最高人民法院关于海事法院可否适用小额诉讼程序问题的批复》于2013年5月27日由最高人民法院审判委员会第1579次会议通过，并自2013年6月26日起施行。批复称，2012年修订的《中华人民共和国民事诉讼法》简易程序一章规定了小额诉讼程序，《中华人民共和国海事诉讼特别程序法》第九十八条规定海事法院可以适用简易程序。海事法院可以适用小额诉讼程序审理简单的海事、海商案件。

- **海事仲裁**

1. 中国海事仲裁委员会及仲裁服务情况

2013年，为进一步推进中国海事仲裁委员会网络化建设，完善机构设置和制度建设，中国海事仲裁委员会增设了辽宁和山东两个办事处。

为深化海事仲裁宣传拓展工作，中国海事仲裁委员深入研究论证、宣传推广海事仲裁法律服务；制定《航运标准合同系列》、《中国造船标准合同》、《中国拆船标准合同》、《船员劳务合同》、《救助合同》等标准格式合同，规范企业的生产经营行为。

2. 中国海事仲裁委员会仲裁业务情况

2013年，中国海事仲裁委员会案件受理数量及争议标的创出历史新高，全年新受理案件137件，争议金额总计15.95亿元人民币（其中，争议金额超过5000万元的案件3件），涉外案件48件，简易程序案件60件。北京总会、上海总会和天津分会受理案件分别为24件、104件和9件，争议金额分别为3.17亿元人民币、12.75亿元人民币和339万元人民币。

2013年，仲裁案件中大案复杂案件数量增加，案件类型多样化，除了船舶碰撞、航次租船合同、救助案件等传统案件以外，新类型案件如船舶修造和物流案件增多。涉外案件涉及的国家和地区更加广泛，双方均为境外当事人的国际案件也有所增加。

2013 CHINA

第6章 港口服务

6.1 港口发展

2013年，我国港口生产经营总体较上年有所好转，吞吐量增速较快，全国港口完成货物吞吐量117.67亿吨，比上年增长9.2%。其中，完成外贸货物吞吐量33.60亿吨，比上年增长9.9%；完成集装箱吞吐量1.90亿TEU，比上年增长7.2%。亿吨大港达到31个，比上年增加2个。其中，沿海亿吨港口21个，新增虎门港和珠海港，内河亿吨港口10个。

在2013年全球货物吞吐量排名前20大港口中，我国大陆港口仍占有13席，宁波—舟山港继续保持全球第1大港的地位（见表6.1）。

● 规模以上港口货物吞吐量

1. 货物吞吐量

全国规模以上港口完成货物吞吐量106.49亿吨，比上年增长8.9%，增速较上年提高1.7个百分点，占全国港口货物总吞吐量的90.5%。沿海规模以上港口完成货物吞吐量72.81亿吨，增长9.4%，占全国规模以上港口总吞吐量68.4%；内河规模以上港口完成货物吞吐量33.68亿吨，增长7.9%，占全国规模以上港口总吞吐量的31.6%。

2. 外贸货物吞吐量

全国规模以上港口完成外贸货物吞吐量33.24亿吨，比上年增长9.7%，增速与上年同期持平。沿海规模以上港口完成外贸货物吞吐量30.24亿吨，内河规模以上港口完成外贸货物吞吐量3.00亿吨，分别比上年增长9.5%和11.7%。

2013年全球主要港口货物吞吐量统计　　表6.1

位　次	港　口	国　家	货物吞吐量（亿吨）	比2012年增长（%）
1（1）	宁波—舟山	中国	8.10	8.8
2（2）	上海	中国	7.76	5.5
3（3）	新加坡	新加坡	5.60	4.2
4（4）	天津	中国	5.01	5.0
5（6）	广州	中国	4.55	4.6
6（7）	苏州	中国	4.54	6.2
7（8）	青岛	中国	4.50	10.6
8（10）	唐山	中国	4.46	22.2
9（5）	鹿特丹	荷兰	4.41	–0.3
10（9）	大连	中国	4.08	8.9
11（16）	黑德兰	澳大利亚	3.26	25.4
12（11）	釜山	韩国	3.25	4.4
13（12）	营口	中国	3.20	6.3
14（13）	日照	中国	3.09	10.1
15（14）	秦皇岛	中国	2.73	0.6
16（15）	香港	中国	2.70	–0.1
17（17）	南路易斯安娜	美国	2.59	2.3
18（19）	光阳	韩国	2.35	1.3
19（20）	深圳	中国	2.34	2.6
20（—）	烟台	中国	2.22	9.2

注：（）内为2012年位次。上海港货物吞吐量包括海港和内河港

3. 集装箱吞吐量

全国规模以上港口完成集装箱吞吐量18941.95万TEU，比上年增长7.1%，增速较上年同期有所回落。沿海规模以上港口完成16901.54万TEU，比上年增长7.3%；内河规模以上港口完成2040.41万TEU，比上年增长5.3%。集装箱吞吐量超过100万TEU港口由上年的22个增加到24个，其中，沿海港口由上年的18个增加到20个，新增嘉兴港和北部湾港，内河港口仍为4个。

4. 主要货种吞吐量

全国规模以上港口完成的主要货种吞吐量呈增长态势，煤炭及制品21.73亿吨、金属矿石16.70亿吨、矿建材料16.31亿吨、石油天然气及制品7.58亿吨、钢铁4.52亿吨、水泥2.86亿吨和粮食2.25亿吨，分别比上年增长8.9%、11.4%、9.2%、2.6%、6.9%、14.9%和12.7%。

● 沿海10大港口

沿海10大港口累计完成货物吞吐量46.54亿吨，比上年增长8.4%，占沿海规模以上港口总吞吐量的63.9%（见表6.2）。10大港口排名变化不大，前5位排名、后3位排名与上年相比没有变化，唐山港货物吞吐量以高达22.2%的增幅由上年的第7位上升到第6位，其他港口增幅不大。

2013年全国沿海港口货物吞吐量排名前10位 表6.2

位　次	港　口	货物吞吐量（万吨）	与2012年比较（%）	占沿海规模以上港口总量的比重（%）
1（1）	宁波—舟山	80978	8.8	11.1
2（2）	上海	68273	7.1	9.4
3（3）	天津	50063	5.0	6.9
4（4）	广州	45517	4.6	6.3
5（5）	青岛	45003	10.6	6.2
6（7）	唐山	44620	22.2	6.1
7（6）	大连	40746	8.9	5.6
8（8）	营口	32013	6.3	4.4
9（9）	日照	30937	10.1	4.2
10（10）	秦皇岛	27260	0.6	3.7

注：（ ）内为2012年位次。上海港货物吞吐量未含内河港

● 内河10大港口

内河前10大港口累计完成货物吞吐量17.92亿吨，比上年增长4.2%，占内河规模以上港口总吞吐量的53.2%（见表6.3）。10大港口排名变化较大，其中，苏州港继续稳居第1位，南通港则由上年的第3位上升到第2位，泰州港由上年的第7位上升到第4位，重庆港由上年的第8位上升到第7位。

2013年全国内河港口货物吞吐量排名前10位　　表6.3

位　次	港　口	货物吞吐量（万吨）	与2012年比较（%）	占内河规模以上港口总量的比重（%）
1（1）	苏州	45435	6.2	13.5
2（3）	南通	20494	10.6	6.1
3（2）	南京	20201	5.2	6.0
4（7）	泰州	15425	16.8	4.6
5（4）	湖州	15312	–14.2	4.5
6（5）	镇江	14098	4.7	4.2
7（8）	重庆	13676	9.4	4.1
8（6）	江阴	12590	–5.0	3.7
9（9）	嘉兴内河	11107	2.3	3.3
10（10）	岳阳	10873	4.6	3.2

注：（ ）内为2012年位次

6.2　港口经营服务

● **沿海港口港区布局功能调整**

港口行业整体进入低速增长及结构调整阶段，沿海港口港区布局更趋合理。秦皇岛港“西港东迁”起步实施；连云港港徐圩港区开港，实现了连云港港“中心两翼型”港口总体布局；日照港石臼港区谋划“北退南进”调整方案；汕头港珠池港区、珠海港九洲港区城市化改造方案基本确定；湛江港霞海港区货运功能基本退出。

● **港口资产整合力度增强**

2013年11月，北海港股份有限公司（以下简称北海港）向其控股股东广西北部湾港务集团（以下简称港务集团）发行股份购买资产的重大资产重组事项获得中国证监会核准。募集资金购买其持有的防城港北部湾港务公司、钦州港口集团公司100%股权和北部湾拖轮公司57.57%股权，涉及42个万吨级以上深水泊位。2013年12月，厦门集装箱码头集团有限公司正式成立，新公司涉及3家A股上市公司（厦门港务、厦门国贸、象屿股份）、2家港股公司（宝达投资、新世界港口）、25个集装箱码头泊位，几乎将厦门有国资背景的集装箱码头资源全部整合。

● **引航服务**

2013年，引航业务量稳中有升，引航服务能力、服务质量不断提高，引航员队伍、引航文化建设取得全面发展。

1. 引航业务量稳步增长

2013年，我国引航机构共引领中外船舶38.2万艘次，比上年增长2.2%。其中，引领集装箱船12.68万艘次，比上年下降3.5%；引领超大型船8.01万艘次，比上年增长1.7%。年引领船舶超过1万艘次的引航机构由8家增加到11家。

2. 加强引航文化品牌建设

中国引航协会制订了引航行业核心价值体系、引航职工行为规范体系、文明引航机构建设基本标准和引航行业标识体系，组织编制了《中国引航文化品牌建设手册》，积极打造“水上国门形象第一人”文化品牌。

3. 重视引航队伍建设

为加强引航技术研究，不断提高引航员的技术水平和综合素质，组织成立中国引航专家库。加强引航员的培训和交流，举办了引航安全培训班，召开引航员登离轮安全及救生技术经验交流会。

● **理货服务**

2013年，中国外轮理货总公司、中联理货有限公司及其各口岸公司采取有力措施，提升经营管理能力，理货船舶艘次、理货吨数、集装箱理箱量等理货业务量均比上年稳步增长（见表6.4）。

2013年理货业务完成情况表 表6.4

理货业务指标	单　位	中国外轮理货总公司	中联理货有限公司
理货船舶艘次	万艘次	37.8	11.83
理货吨数	万吨	141700	2158.00*
理货箱量	万TEU	10800	2034.80

注：*中联理货吨数仅包括件杂货

6.3 港口管理

● **港口危险货物管理**

2013年1月，在广州召开了《港口危险货物安全管理规定》实施动员会，并分华东、华南、华北、长江片区进行了宣贯活动。为加强港口危险货物重大危险源的安全监督管理，预防和减少港口危险货物事故的发生，保护人民群众生命财产安全，维护港口安全生产秩序，印发了《港口危险货物重大危险源安全监督管理办法（试行）》的通知。8月底，抽调相关省市港政管理人员及行业专家组成6个互查组，对12个省市的港口危险货物安全管理工作进行了互查，并形成互查报告，督促各地做好港区储罐安全职责交接工作。

● **提升港口服务保障**

2013年6月，出台《关于交通运输推进物流业健康发展的指导意见》，重点推进高等级公路与港口等的衔接，积极促进铁路与主要港口及具备条件的综合物流园区的衔接，优化并加强集疏运体系建设，提升传统运输枢纽的物流服务能力。引导港口加快转型升级，支持由传统运输和装卸业务向现代物流服务功能延伸。依托港口、“内陆无水港”等口岸资源，着力提升国际物流服务能力。鼓励港口与后方物流园区、产业园区等联动发展，提高物流服务配套能力。

● **加强港口市场监管力度**

加强超码头设计规范大型散货船停靠我国港口的监管，研究起草《沿海码头靠泊能力管理规定》，研究论证并做好1.8万TEU集装箱船舶靠泊我国部分港口相关工作。

专栏6.1　印发《港口危险货物重大危险源安全监督管理办法（试行）》

2013年4月23日，交通运输部印发了《港口危险货物重大危险源安全监督管理办法（试行）》（以下简称《办法》）。《办法》的主要内容：（1）明确了港口危险货物重大危险源的范畴以及港口重大危险源安全管理的责任主体。（2）建立了辨识评估机制。港口经营人应当对本单位的港口危险货物储存设施或场所进行港口重大危险源辨识，并记录辨识过程与结果；对本单位的港口重大危险源进行安全评估并确定重大危险源等级。（3）建立了登记建档制度。港口经营人应当对辨识确认的港口重大危险源及时进行登记建档，向所在地港口行政管理部门备案。对涉及船舶航行、作业安全的港口重大危险源信息，港口行政管理部门应当及时通报海事管理机构。（4）港口经营人应当建立健全港口重大危险源安全管理制度，落实港口重大危险源安全技术措施；应当明确港口重大危险源的责任人或责任机构，并对港口重大危险源的安全状况进行定期检查和日常巡查。（5）所在地港口行政管理部门应当加强港口重大危险源监督检查，督促港口经营人做好本单位港口重大危险源的辨识评估、登记建档、备案核销和安全管理、应急准备等工作。

● **理货管理**

组织开展理货行业发展现状、市场管理、行政审批许可、发展战略专题调研，推进理货行业稳定健康发展。组织理货行业开展《理货业务规程》和《理货单证》等的标准编制，形成了《进出境件杂货船舶理货业务规程》和《进出境件杂货船舶理货单证》。

● **引航管理**

为进一步加强引航行业管理，提升引航服务质量，2013年7月8日，印发了《推进阳光引航提升服务水平工作方案》，提出了以保安全、保船期、降成本的服务航运为宗旨，创新管理，提高素质，努力构建以服务经济社会发展为中心的阳光引航服务体系的总体要求。

2013 CHINA

第7章

水运基础设施建设与维护

2013年，我国水运基础设施建设完成投资1528.46亿元，比上年增长2.3%。其中，沿海建设完成投资982.49亿元，比上年下降2.2%；内河建设完成投资545.97亿元，比上年增长11.5%。

沿海港口新建及改（扩）建码头泊位125个，新增吞吐能力30597万吨，其中万吨级及以上泊位新增吞吐能力27163万吨。内河港口新建及改（扩）建码头泊位164个，新增吞吐能力9271万吨，其中万吨级及以上泊位新增吞吐能力4316万吨。全年新增及改善内河航道里程866公里。

港口码头泊位大型化水平明显提升。截至2013年底，全国港口拥有生产用码头泊位31760个，比上年底减少102个，其中，万吨级及以上泊位2001个，比上年末增加115个。全国港口万吨级及以上泊位中，1~3万吨级（不含3万）泊位736个，3~5万吨级（不含5万）泊位356个，5~10万吨级（不含10万）泊位648个，10万吨级以上泊位261个，比上年底分别增加4个、21个、67个和23个。

港口码头泊位专业化程度进一步提高。截至2013年底，全国万吨级及以上泊位中，专业化泊位1062个，通用散货泊位414个，通用件杂货泊位345个，比上年底分别增加65个、35个和5个。专业化泊位中，集装箱泊位321个，煤炭泊位206个，金属矿石泊位61个，原油泊位68个，成品油泊位124个，液体化工泊位157个，散装粮食泊位36个。

7.1　沿海水运基础设施建设

沿海港口码头泊位建设成效明显。截至2013年底，全国沿海港口拥有生产用码头泊位5675个，比上年底增加52个，其中，沿海港口万吨级及以上泊位1607个，比上年底增加90个。

● **沿海港口建设**

沿海港口大型专业化码头数量稳步增加。沿海港口万吨级及以上泊位中，1~3万吨级（不含3万）、3~5万吨级（不含5万）、5~10万吨级（不含10万）、10万吨级以上泊位分别为567个、254个、532个和254个，比上年底分别增加3个、22个、43个和22个。

一批重点沿海港口、航道建设项目开工建设和竣工投入使用。唐山港曹妃甸港区铁矿石码头三期工程、广东惠州荃湾港区煤炭码头一期工程等20多个重点港口建设项目通过了初步设计审批；深圳港盐田港区集装箱码头扩建工程、营口港鲅鱼圈港区30万吨级铁矿石码头等30多个重点港口建设项目通过竣工验收，正式投入使用。

● **码头加固改造**

开展全国沿海港口码头结构加固改造调研，召开全国南北两个片区码头结构加固改造工作座谈会，继续推进沿海码头结构加固改造工作。先后完成了上海港外高桥港区一期工程码头结构加固改造等项目的方案审批，以及营口港鲅鱼圈港区11#~13#成品油及液体化工泊位码头结构加固改造工程等项目的竣工验收。

专栏7.1　开展沿海港口码头结构加固改造调研工作

交通运输部组织开展了沿海港口码头结构加固改造调研工作，调研结果显示：自2009年开展全国沿海码头结构加固改造以来，共改造泊位496个，其中万吨级以上泊位405个，占全国沿海港口万吨级以上泊位数的21.5%。通过改造，码头水工结构等级整体提升明显，提升二级及以上的泊位共292个，占改造总数的58.87%。改造泊位中，干散货泊位（特别是煤炭泊位）占比最大，达到31.05%。

开展码头结构加固改造工作，为港口企业创造了良好的发展环境，提高了港口靠泊作业的安全保障，提升了单位码头岸线的通过能力，促进了水运工程建设技术的创新发展，取得了明显的经济和社会效益，拓展了港口的内涵式发展模式，并为今后开展全面的技术改造奠定了基础。

7.2　内河水运基础设施建设

● **港口建设**

内河港口建设稳步推进，码头泊位大型化水平进一步提升。截至2013年底，内河港口拥有生产用码头泊位26085个，比上年底减少154个，其中，万吨级及以上泊位394个，比上年底增加25个。内河港口万吨级及以上泊位中，1~3万吨级（不含3万）泊位169个，比上年底增加1个；3~5万吨级（不含5万）泊位102个，比上年底减少1

个；5~10万吨级（不含10万）泊位116个，比上年底增加24个；10万吨级以上泊位7个，比上年底增加1个。

长江干线港口建设有序开展。长江上游的云南省水富港竣工验收，四川南充港多用途码头一期工程等进展顺利，重庆港主城港区果园作业区二期及二期扩建工程等重点码头工程有序推进。长江中游的湖南省株洲港铜塘湾港区一期工程等基本建成，湖北武汉新港唐家渡港区临港新城综合码头项目等重点码头项目进展顺利，江西九江港西港区集装箱码头一期工程等竣工验收。长江下游的安徽省淮北南坪港一期工程等竣工验收，江苏省镇江港大港四期码头等投入试运营。

西江干线港口建设进展顺利，港口设施布局不断完善。主要港口和区域重要港口建设步伐加快，建设了一批专业化、现代化水平较高的大型综合港区。截至2013年底，珠江水系内河港口生产性泊位达到1572个，港口最大靠泊能力达到3000吨级。黑龙江水系加快江海联运重大装备专用码头等工程建设，同江、黑河、抚远等界河港口改扩建工程进展顺利。

● **航道建设**

长江干线航道重点建设项目积极推进。长江中游荆江河段航道整治工程昌门溪至熊家洲段工程等5个航道整治项目开工建设。长江中游牯牛沙水道航道整治二期工程、长江三峡水库变动回水区碍航礁石炸出一期工程等4个项目通过初步设计审批。长江中游枝江至江口河段航道整治一期工程、长江下游马当河段航道整治一期工程等9个长江干线航道整治项目竣工验收。引江济汉通航工程、长江中游武桥水道航道整治工程、长江下游东流水道航道整治二期工程等在建项目进展顺利。

西江航运干线航道建设快速推进。重点实施西江航运干线扩能工程，西江航运干线南宁牛湾以下全面升级为2000吨级航道；优化珠江三角洲高等级航道网，加快北江航道整治，拓展珠江三角洲高等级航道网服务范围；继续实施右江、南北盘江、红水河水运通道建设，逐步打通出海通道。

专栏7.2　长江荆江河段航道整治工程

2013年9月14日，长江中游荆江河段航道整治工程正式开工。荆江河段航道整治工程起于湖北宜昌昌门溪，止于湖南岳阳熊家洲，全长280.5公里，总投资43.3亿元，工程将对枝江至江口河段等9个滩段的13处浅滩或不稳定航槽实施全面系统整治。

工程建成后，荆江航道可以满足万吨级船队和3000吨级货船双向通航的要求，将打通长江中游航运“瓶颈”，进一步发挥长江黄金水道作用，促进东、中、西部区域经济协调发展，产生巨大的经济和社会效益。

● **航运枢纽建设**

航运枢纽建设不断加快。长江干线主要支流航运枢纽建设平稳有序，嘉陵江苍溪航电枢纽工程全面建成，湘江长沙综合枢纽进展顺利，土谷塘航电枢纽工程开工并完成一期围堰施工，赣江石虎塘航电枢纽建成运营。西江干线长洲水利枢纽三四线船闸工程进展顺利，贵港航运枢纽二线船闸工程开工建设，大藤峡、西津、红花二线船闸前期工作稳步推进，百色、龙滩水利枢纽升船机项目前期工作启动。

7.3　航道维护和管理

● **航道维护管理**

加快高等级航道网建设，不断提高航道等级。截至2013年底，全国内河航道通航里程12.59万公里，比上年末增加858公里。其中，等级航道6.49万公里，占总里程的51.6%，提高0.6个百分点。等级航道中，三级及以上航道10201公里，五级及以上航道2.76万公里，分别占全国内河航道通航总里程的8.1%和21.9%，分别提高0.2个和0.8个百分点（见表7.1）。全国各水系内河航道主要集中在长江水系、淮河水系和珠江水系（见表7.2）。

全国各等级航道通航里程（截至2013年底）　　表7.1

等级航道	一级航道	二级航道	三级航道	四级航道	五级航道	六级航道	七级航道
通航里程（公里）	1395	3043	5763	8796	8600	19190	18113

全国各水系内河航道通航里程（截至2013年底）　　表7.2

水系内河航道	长江水系	珠江水系	黑龙江水系	京杭运河	闽江水系	淮河水系	黄河水系
通航里程（公里）	64254	16163	8211	1437	1973	17338	3488

加强长江干线、长江深水口航道养护管理。陪同全国政协开展长江口疏浚土利用情况调研，研究长江口地区疏浚土倾倒整治长效工作机制。全面开展长江口回淤原因及减淤措施研究，加强对长江口深水航道减淤情况的跟踪和回淤规律的研究，指导做好台风期长江口航道减淤工作。完成长江口深水航道养护工作相关维护、测量、施工等招投标备案。

加强航道养护管理。为加强和规范航道养护管理工作，保障航道畅通，提高航道养护质量和服务水平，组织开展了第二次全国航道养护技术考核工作。统一规范航道养护计划和专项养护工程技术方案编制，发布了《航道年度养护计划文本格式和编制要求》和《航道专项养护工程技术方案文本格式和编制要求》。召开全国航道养护管理标准化工作经验交流会，启动推进航道养护管理标准化工作的研究。发布《全国航道职工养护培训计划（2013~2017）》，组织《桥梁通航安全影响论证报告编制规定》宣贯培训，制定实施《长江兰家沱至大步街河道智能航道示范工程实施方案》，启动《文明样板航道标准》修订工作。

● **通航管理**

加强跨临拦河（海）通航建筑物审批管理，建立论证管理工作长效机制。组织完成武汉青山长江大桥、广西中越北仑二桥、安徽池州长江公路大桥等项目的通航安全影响论证审查。

加强三峡通航管理。组织做好三峡北线船闸检修通航保障。审查批复了2012年度长江三峡航道泥沙原型观测成果、三峡库区2013年度航道维护性疏浚实施方案。三峡通航管理体制协调工作取得突破，交通运输部与三峡集团公司签署《长江三峡通航建筑物管理协议》，明确三峡船闸日常运行维护管理职责、经费渠道等。配合国务院三峡工程建设委员会办公室启动三峡枢纽水运新通道建设和葛洲坝枢纽船闸扩能前期研究工作。发布《三峡航运工作推进方案（2013~2015）》。

完善应急预案，组织制定了长江干线、西江航运干线、京杭运河、黑龙江干线突发事件应急预案。加强航道应急通报管理，确保长江三峡北线船闸、广西常州枢纽1号船闸检修期间水库蓄水期、消落期航道通畅。

● **界河管理**

组织召开了中俄界河航道航行管理工作领导

小组会议，召开了中俄国境河流航行联合委员会第54次航行例会，组织做好中俄界河航道联检；组织召开中朝国境河流航运合作委员会第51次航行例会。

完善界河航道管理机制，加强界河航道管理。组织召开界河航道管理养护工作座谈会，启动界河航道管理体制研究和航道养护规范化研究，批复了《2013年中朝界河（辽宁省）航道养护计划》。

7.4 水运建设市场监管

● **市场准入管理**

继续做好水运工程设计与施工企业资质审查工作，全年完成2批共36家企业的资质审查。启动水运工程设计企业资质标准修订工作。召开水运工程施工企业资质标准修订工作座谈会，完成港口与航道工程施工总承包、港口与海岸工程专业承包等5个施工企业资质标准修订工作。

全年完成2批共210人的港口与航道工程专业一级建造师审核注册及2013年全国注册土木工程师（港口与航道工程）执业资格考试工作。发布《全国水运工程勘察设计建造大师评拔办法》，组织开展2013年度全国水运工程勘察设计建造大师选拔工作，授予程泽坤、周海全国水运工程勘察设计大师称号，授予李一勇、曹根祥全国水运工程建造大师称号。组织开展水运工程造价工程师考核认定工作，公布首批取得水运工程造价工程师资格的5380人名单。

● **市场监督检查**

继续开展年度水运建设市场检查。按部级抽查、省级检查和部属单位检查开展2013年全国水运建设市场检查工作，组织完成对海南、黑龙江省水运建设市场及长航系统、救捞系统建设项目的部级抽查，全面查找问题，认真总结经验，通报水运建设市场检查情况。开展水运工程建设领域突出问题专项治理工作，确保长江干线航道整治工程全部进场交易。

加强管理职能转变，调整工作方式。委托专业机构开展水运工程和交通运输支持系统部分建设项目的初步设计审查和竣工验收技术事务性工作，制定了相应工作程序和要求，并做好相关指导和管理工作。进一步完善了水运工程设计技术审查咨询制度，取消沿海航道工程、内河港口工程和部属单位支持系统建设工程中水运工程的初步设计技术审查咨询；对于其他沿海水运工程和内河水运工程，将原规定实行技术审查咨询项目的投资额分别由3000万元以上（含3000万元）和300万元以上（含300万元），调整为5000万元以上（含5000万元）和1000万元以上（含1000万元）。

● **工程招投标管理**

全面推进水运工程和交通支持系统工程招标网上备案工作，完善招标备案管理系统，全年完成招标网上备案400多批次。出台《水运工程建设项目招标投标管理办法》。继续做好评标专家网上抽取工作，全年完成评标专家抽取200余次。组织完成9期《水运工程建设项目招投标管理办法及配套文件》宣贯培训班，共培训1655人。

● **信用体系建设**

制定《水运工程设计和施工企业信用评价办法（试行）》，完成征求意见稿；指导开展水运勘察设计、施工企业和建设从业人员信用评价制度研究工作。维护运行全国水运工程建设市场信用信息管理系统，及时发布有关水运建设的政策、法规等信息，提高服务能力。

● **法规建设**

积极配合国务院法制办加快推进《航道法》立法进程，组织开展专家论证，加强与相关部门的沟通协调，修改完善后提交国务院常务会审议。

7.5 工程技术与节能减排

● **技术创新**

为促进创新成果的快速转化和新技术在水运工程中的推广应用，首次组织开展《水运工程建设新技术公告》、《水运工程建设新技术推广项目目录》的征集、审查工作。

加强信息化建设，研究确定了全国水运建设项目管理子系统建设方案，明确水运建设项目开工备案、初步设计审批和竣工验收等工作内容的网上办理流程和节点。组织开发了全国水运建设项目开工备案管理系统并上线正式运行，实现了建设项目开工备案的网上办理。组织开发全国水运建设项目初步设计审批和竣工验收管理系统。

● **技术标准**

积极推进水运工程标准规范制定和实施。制定出台《海港总体设计规范》、《海港水文规范》、《码头船舶岸电设施建设技术规范》和《集装箱堆场装卸设备供电设施建设技术规范》、《水运工程岩土勘察规范》、《大型集装箱船设计船型尺度》等12项标准规范；启动开展《装卸油品码头设计防火规范》和《通航海轮水域通航标准》2项国家标准的编写工作。

● **节能减排**

组织召开了码头油气回收技术国际研讨会，开展码头油气回收的试点示范工作。优化水运用能结构，打造现代绿色物流链，示范项目进展顺利，靠港船舶使用岸电、带式输送机节能控制、散货码头工艺系统优化和筒仓粉尘防止等相关技术得以应用。

加强绿色低碳标准体系建设。组织开展了《港口能效管理技术规范》、《船舶能效管理认证规范》、《液化天然气加注码头设计规范》、《煤炭矿石码头粉尘控制设计规范》和国家标准《码头船舶岸电设施工程技术规范》等节能减排标准规范的制定工作。发布了《绿色港口等级评价标准》等标准规范，并组织开展宣贯实施工作。加快推进LNG动力船舶和港口应用的试点示范工作，出台《关于推进水运行业应用液化天然气工作的指导意见》。

专栏7.3　推进水运行业应用液化天然气工作的指导意见

2013年10月，交通运输部制定并发布《关于推进水运行业应用液化天然气的指导意见》，明确了推进水运行业应用LNG工作的指导思想、推进原则、推进目标和主要任务。

预计到2020年，水运行业应用LNG的标准体系基本完善，加注设施基本适应水运发展需要，全国主要内河水域普通货船和客船、港作船和工程船等船舶应用LNG得到推广，危险品船、沿海客船和普通货船试点示范项目稳步开展，远洋运输船舶的试点工作开始启动，内河运输船舶能源消耗中LNG的比例达到10%以上，用能结构得到改善。

实现这一目标将完善标准规范体系、开展试点示范、统筹加注站点布局规划与建设、加强应用研究、强化科技支撑、加强监督管理、坚持制度创新，同时，在内河船型标准化资金和节能减排资金方便也大力支持该工作。

2012 CHINA

第8章 海事监管与搜救

8.1 海事监管

● 船舶管理

1. 船舶登记

截至2013年12月31日，我国现有登记在册船舶约30.4万艘。其中持有效国籍证书营运的船舶约21.4万艘、1.46亿总吨。2013年新建造并办理登记手续的船舶8600余艘、约1100万总吨。其中办理临时国籍证书的船舶471艘、216万总吨。

2013年，通过全国统一船舶登记系统共办理各类船舶登记13万余次。其中所有权登记3.3万次，国籍登记（含临时国籍登记）5.4万次，抵押权登记1.4万次，光船租赁登记2973次，船舶注销登记3.2万次，废钢船登记60次。

2. 船舶进出口岸查验及签证

2013年，全国共办理国际航行船舶进出口岸查验29万艘次，船舶进出港签证1109万艘次（含定期签证），签证及查验共计1138万艘次，与上年基本持平。

3. 港口国监督和船旗国检查

2013年，各直属海事局共实施国轮安全检查12万艘次。其中，海船安检3万艘次，滞留1213艘次，滞留率为3.99%；河船安检9万艘次，滞留3042艘次，滞留率为3.31%。

2013年，各直属海事局对7998艘次外籍船舶实施了港口国监督检查（初次），发现并纠正缺陷4.4万项，对其中653艘缺陷严重的船舶实施滞留措施，单船平均缺陷为5.52项，滞留率为8.18%。初次检查绝对数、单船平均缺陷、滞留率分别下降2.8%、下降0.9%、增加13.5%。

4. 口岸开放管理

2013年，对3个正式扩大对外开放口岸进行验收。全年共办理国际航行船舶临时进出非开放水域审批64件次，办结58件次。涉及辽宁、河北、山东、上海、江苏、浙江、福建、广东、广西、海南等10个沿海省市，共计30个区域。

● **通航管理**

1. 优化通航环境

推进老铁山水道船舶定线制拓展工作，完成成山角船舶定线制修订方案审定，修订发布了《长江江苏段船舶定线制》；积极推进乐清湾船舶定线制、宁波—舟山核心港区船舶定线制以及台湾海峡客船航行安全研究工作，完成《海上锚地设置指南》编制工作，审批一批港外新设锚地。积极推进渤海“碧海行动”计划，完成天津辖区3艘沉船试点打捞工作。

规范并加强水上水下活动安全监管和保障工作，服务国家重点涉水工程建设。2013年在沿海及长江水域共审批和监管各类水上水下施工作业12294起，比2012年增加6.9%。

加强涉水活动安全监管。与国家海洋局就渤海和珠江口水域采砂项目审批等问题交换了意见，并督促有关部门协调解决了长江口海洋倾倒区调整问题；开展通航安全大检查，对已建和在建涉水工程安全隐患进行排查，并跟踪隐患治理整改情况；做好通航安全影响论证和评估工作；推进桥梁防碰撞调查研究，进一步优化了桥梁附近水域航路、航法和防碰撞措施。

2. 规范通航秩序

2013年，完成巡航总里程822.7万海里，巡航时间90.7万小时，与上年相比增加0.7%、1.1%。2013年空中巡航出动442架次。

组织开展了3次南海维权巡航执法行动，发挥大中型海事执法船作用，加强对我国沿海重要水域实施巡航监管，组织开展空中巡航。

3. VTS管理

截至2013年底，全国共有44个VTS中心和185个雷达（中继）站。2013年VTS中心共接收船舶报告670.9万次；跟踪船舶559.5万艘次；向船舶提供信息服务410.1万次和助航服务155.3万次；2013年通过VTS避免险情1.25万艘次。

4. 开展长效管理和季节性监管工作

深入推进船舶超载运输治理工作。印发了《关于加强船舶超载运输治理工作的通知》，严格落实长效管理机制，强化始发港、途经港、目的港和船籍港管理，全面落实协查机制、联动机制和黑名单管理制度、奖惩制度，始终保持对超载船舶的高压态势，有效防范和遏制水上交通事故的发生。

发布《关于取消五星旗海轮进出长江太仓及以下水域强制引航的公告》。完成全国引航员登轮点调整。

做好季节性安全监管工作。加强节假日和汛期、台风季节等安全监管工作，强化隐患排查和整改，落实责任，强化恶劣天气预警工作，强化重点水域和重点船舶的监管，强化应急值班和险情处置。

● **危险品与防污染管理**

1. 船舶载运危险货物管理

2013年，共监管进出港危险货物14.68亿吨。其中，包装危险货物4023.8万吨，散装危险货物14.28亿吨，监管载运危险货物船舶43.56万艘次。现场检查危险货物集装箱 10.13万箱。其中，现场开箱9756箱，查处谎报瞒报629箱，缺陷箱数1870个，缺陷数3113个。

2. 船舶防治污染管理

2013年，直属海事系统共实施船舶防污染检查13.88万艘次。拆船作业审批209次。船舶油污水接收处理7.51万艘次，船舶垃圾接收处理33.39万艘次，船舶其他污染物接收处理2066艘次，压载水排放或接收 4.82万艘次。全年共对2815艘船舶排污设备实施铅封，铅封率达到100%，减排船舶残油、污油水近34.17万吨。

全年共发生0.1吨以上船舶污染事故19起。其中100吨以上溢油事故2起，化学品泄漏事故4起。

● **船员管理**

1. 船员考试、培训和发证

2013年，进行海船船员适任考试17.98万人次，内河船员适任统考6.51万人次。全年共签发海船船员适任证书11.84万本，内河船员适任证书8.78万本。截至2013年底，全国海船船员注册总数57.4万人，内河船员注册总数65.43万人。

2. 船员权益保障

继续对我国船公司进行《2006年海事劳工公约》培训，指导公司切实履行船东责任义务，全面履行公约，保障海员权益；和中国海员建设工会一起对海员工会干部培训，提高工会履约维权能力。

2013年，船员管理减少行政审批7项，研究布置行政许可取消后续监管措施。协调质检总局，解决船员重复体检问题，使30万名船员受益。

● **船舶及海上设施检验管理**

1. 综合管理

继续开展船舶吨位丈量统一管理和船舶吨位丈量复核发证工作。加强船检技术支持体系和技术规定建设，促进船检工作科学发展。强化船舶法定检验管理，提升船检机构的业务水平。完善注册验船师考试制度，提高验船队伍的综合素质。推动船舶节能减排，做好内河LNG燃料动力船舶改造试点工作；建立船舶节能减排评价考核体系，开展国内航行船舶新船能效设计指数、船舶能效营运指数的研究工作；加大船检质量技术监督力度，切实把好船舶检验质量关；加强船舶检验技术数据库优化工作，组织全国船舶检验机构开展全国客渡船专项工作。

2. 船舶检验管理

截至2013年底，全国船舶检验机构共有检验登记船舶23.59万艘，总吨位1.76亿。其中，国内航行船舶23.37万艘、总吨位1.41亿；国际航行船舶0.22万艘、总吨位0.35亿。

● **设施建设与管理**

1. 航标管理

截至2013年底，中国沿海设置的各类航标达12228座，较上年底增加1158座。中国海事局负责管理维护的各类航标7331座，较上年增加389座。船舶自动识别系统（AIS）岸台396座，无线电指向标—差分全球定位系统（RBN-DGPS）台站22座。航标正常率99.94%，航标维护正常率100%，DGPS信号可利用率99.62%。全年，共启动应急预案128次，应急设标151座。

2. 测绘管理

2013年，累计完成海域测量面积32789.16平方公里，编绘、更新出版各种比例尺港口航道纸海图297幅，制作电子海图222幅，覆盖我国沿海34个港口。承担应急扫测任务总计21项，扫测面积达 3113.4平方公里。

3. 水上安全通信

2013年，各直属海事局共发布航行通告23141次，发布中英文航行警告52474次（其中中文43234次，英文9240次）。共播发安全信息1.36万份，公众通信11万次。

● **法制建设**

1. 海事立法

加快《海上交通安全法》修订工作进程，完成了《海上交通安全法（修订征求意见稿）》。开展《船舶和海上设施检验条例》和《水上交通事故调查处理和沉船打捞清除管理条例》等行政法规修订的前期研究工作。完成了《防治船舶污染内河水域环境管理规定》、《船员培训管理规则》等11件次部令的修改工作。

根据国务院行政审批清理工作的开展情况及要求，配合国务院法制办开展了《船员条例》、《防治船舶污染海洋管理条例》和《危险化学品安全管理条例》等3个行政法规的修订工作，清理了海事行政审批项目，取消和下放了相关的海事规章，并及时开展了修订工作。

2. 执法监督

完善海事行政执法工作流程，完成了《海事行政执法业务工作流程》的编制工作；推进海事行政执法督察工作，举办海事行政执法甲级督察人员培训班；组织12个考核组对全国海事系统进行了评议考核；印发《海事行政执法视觉形象建设标准》；规范海事行政处罚，制定并印发了《海事行政处罚裁量权管理办法》；加强海事执法资格管理，修订并印发了《海事行政执法证管理办法》；加强海事法制工作信息化水平，全面升级改造海事法制软件系统。

3. 船舶检验技术法规和海事标准

颁布实施了《游艇法定检验暂行规定（2013）》、《内河天然气动力船舶法定检验暂行规定》等船检技术法规。完成了《沿海小型船舶检验技术规则》、《液化天然气燃料加注趸船法定检验暂行规定》等船检技术法规的评审。开展“客渡船安全技术要求”、“沿海干散货船配备钢质舱口盖”等专题技术研究工作，继续推进内河航区划分工作。

加强和改进海事标准化工作，跟踪管理航海安全标委会和航测标委会共17项标准制定进程；发布《船员健康检查要求》、《水上溢油源快速鉴别规程》等9项标准；组织开展交通运输产品和服务标准梳理工作，形成《航海安全标准体系表》、《交通航测标准体系表》、《2014~2016年标准制修订计划表》，完成标准年度复审工作。

● 水上交通事故调查与处理

印发《关于做好事故调查统计分析系统正式运行工作的通知》，推广事故调查统计分析系统。颁布实施《水上交通事故调查处理简易程序规定》。

2013年，对6·18仁川“同顺”轮火灾事故、8·27上海“FRONTIER”轮与“海泓达”碰撞事故、烟台10·30“辽大旅捕1041”与“KY VENUS”碰撞事故、宁波12·6“秀美天津”与“佳丽海”碰撞事故、上海“CMACGM FLORIDA”与“CHOU SHAN”轮碰撞事故、“CHENGLU15”轮沉船事故开展安全调查。

8.2 海上搜救

● 搜救体系与能力建设

1. 完善海上搜救机制

国家海上搜救部际联席会议制度框架下的配套工作机制和管理制度不断完善，按照《国家海上搜救部际联席会议制度》总体要求，制定了《国家海上搜救、重大海上溢油应急处置部际联席会议成员单位工作制度》、《部际联席会成员单位海上搜救及溢油应急处置联合演习制度》等多项工作制度。推进《国家重大海上溢油应急处置预案》的编制，组织修改完善《交通部防抗台风等极端天气应急预案》和《海上突发事件分级响应程序》。推进《中华人民共和国海上人命搜寻救助条例》立法进程，及地方海上搜救立法工作。

2. 提高海上搜救应急水平

海上应急信息化建设得到加强，应急指挥决策水平得到提高。开展了“国家重大海上溢油监视监测和决策指挥系统”工程前期论证工作；推进“海上险情上报与查询分析系统”设计改造建设；推进北斗“海上搜救综合服务系统应用示范项目”建设；引入“卫星AIS系统”，辅助提高搜救和溢油应急指挥工作水平；对海上应急事件和极端天气预警信息发布平台进行了升级。

3. 开展搜救演习

9月23日，“2013年海上重大溢油应急处置演习”在广西钦州港举行，这是国家层面首次针对重大海上溢油进行的专项演习，也是国家重大海上溢油应急处置部级联席会议制度建立以来的第一次国家层面的演习。通过演习，检验了各成员单位力量、社会力量和军队力量参与海上应急的实战能力，以及预案的可行性。

● 海上搜救工作

1. 海（水）上搜救数据

2013年，全国共组织协调水上搜救行动2164起，组织、协调参加救助行动各类船艇7507艘次、飞机386架次；成功救助海上遇险船舶1750艘、人员20692人，救助成功率为96.8%（见表8.1）。

中国海上搜救中心组织、协调、指挥搜救船舶数据 表8.1

	遇险船舶		获救船舶		翻沉船舶	
	中国籍	外国籍	中国籍	外国籍	中国籍	外国籍
2012年	1765	98	1419	89	346	9
2013年	2038	94	1659	91	379	3

2. 海上搜救行动

2013年3月19日~4月9日，中国海上搜救中心与上海海上搜救中心协调，成功处置了“达飞·佛罗里达轮”与“舟山轮”碰撞造成大量燃油泄漏事件。8月14日，中国海上搜救中心、广东海上搜救中心、香港搜救中心共同协调，成功救助香港籍货船“TRANS SUMMER”轮21名遇险船员。9月29日，在国家海上搜救部际联席成员单位协调下，搜救因强台风“蝴蝶”遇险的船舶39艘，遇险人员699人，获救637人。12月5日，成功救助巴拿马籍船舶“ASIA PEACE”轮20名中国籍遇险船员。

3. 对外交流与合作

中国海上搜救中心组团赴丹麦就加强两国海上搜救合作开展会商，现场观摩了“2013年波罗的海联合搜救演习”。8月30日，中国海上搜救中心与台北中华搜救协会、香港海上搜救协调中心联合举办了2013年南海联合搜救桌面演习。积极推进中国东盟海上搜救合作。

8.3 海上救捞

● 救捞能力建设

1. 救捞设施建设

2013年1月28日，“北海救101”轮列编北海救助局；6月、9月和12月，近海快速救助船“北海救203”、“东海救202”、“南海救202”轮分别列编北海救助局、东海救助局和南海救助局。10月和12月，8000千瓦系列救助船“东海救117”、“南海救117”轮先后列编东海救助局和南海救助局。12月30日，3600吨打捞起重船“德浮3600”列编烟台打捞局。

2. 国际和区域交流与合作

2013年救捞系统的对外合作有所加强，多次参加相关活动。5月，交通运输部救捞局派员出席了在美国休斯敦举行的“2013年国际海洋技术大会”及其他相关活动。9月，由国际海上人命救助联盟（IMRF）主办、交通运输部救捞局承办，香港民航处、海事处、消防处和特区政府服务队协办的IMRF亚太区域发展会议在香港举行。9月，越南国家海事局副局长杜德先一行13人到交通运输部南海救助局海口救助基地参观考察。12月，台湾中华搜救协会航空代表团一行拜访大陆搜救机构并进行会谈。

● 海上救捞工作

2013年，救捞系统累计出动专业救捞力量2093次，执行特殊救助任务1568起；成功救助遇险人员3910名，其中外籍人员1304名；成功救助遇险船舶196艘，其中外籍船舶34艘，全年直接获救财产总价值94.6亿元。

2013 CHINA

附　录

附录1　全国沿海主要港口吞吐量统计（2005～2013年）

单位：万吨

年度	2005	2006	2007	2008	2009	2010	2011	2012	2013
总计	292777	342191	388200	429599	475481	548358	616292	665245	728098
宁波—舟山		42387	47336	52048	57684	63300	69393	74401	80978
#宁波	26881	30969	34519	36185	38385	41217	43339	45303	49592
#舟山	9052	11418	12818	15862	19300	22084	26054	29099	31387
上海	44317	47040	49227	50808	49467	56320	62432	63740	68273
天津	24069	25760	30946	35593	38111	41325	45338	47697	50063
广州	25036	30282	34325	34700	36395	41095	43149	43517	45517
青岛	18678	22415	26502	30029	31546	35012	37230	40690	45003
唐山		5171	6759	10853	17559	24609	31263	36505	44620
#京唐	3365	4066	4570	7645	10541	12017	13757	17002	20102
#曹妃甸		1105	2009	3209	7018	12591	17506	19503	24518
大连	17085	20046	22286	24588	27203	31399	33691	37426	40746
营口	7537	9477	12207	15085	17603	22579	26085	30107	32013
日照	8421	11007	13063	15102	18131	22597	25260	28098	30937
秦皇岛	16900	20489	24893	25231	24942	26297	28770	27099	27260
深圳	15351	17598	19994	21125	19365	22098	22325	22807	23398
烟台	4506	6076	10129	11189	12351	15033	18029	20298	22157
厦门							15654	17227	19088
#原厦门	4771	7792	8117	9702	11096	12728	14153	15513	17157
连云港	6016	7232	8507	10060	10843	12739	15627	17367	18898
北部湾港							15331	17438	18674
#防城							9024	10058	10561
湛江					11838	13638	15539	17092	18006
#原湛江	4647	5664	6075	6682	7090	7635	8889	8541	8511
黄骅	6763	8145	8333	7980	8374	9438	11267	12630	17103
福州	7443	8848	6433	6703	8094	7125	8218	11410	12759
丹东									12019
泉州	4046	5135	6215	7224	7666	8455	9330	10372	10804
虎门								8434	10293
珠海	3557	3567	3713	4086	4407	6056	7170	7745	10023

附录2 全国内河主要港口吞吐量统计（2005～2013年）

单位：万吨

年度	2005	2006	2007	2008	2009	2010	2011	2012	2013
总计	101418	117510	138208	159481	221678	261822	295522	312228	336793
苏州	11919	15085	18377	20348	24634	32877	38006	42801	45435
南通	8327	10386	12339	13214	13641	15070	17331	18526	20494
南京	10686	10091	10859	11125	12146	14719	17333	19197	20201
泰州	1581	2787	2128	2592	7467	9890	12038	13210	15425
湖州	3869	4607	4204	4241	14945	14357	14668	17840	15312
镇江	5847	6318	7824	8705	8713	10634	11806	13460	14098
重庆					8612	9668	11606	12502	13676
# 原重庆	950	1073	1317	1470	1727	1886	2049	2084	2267
江阴	4278	5739	7218	8740	10103	12522	12934	13248	12590
岳阳	1418	2003	4100	6539	7822	8170	9037	10396	10873
杭州	5094	5221	5550	5299	7605	8753	8929	9097	9382
芜湖	1850	3934	4681	5514	5710	6609	7473	8260	9313
无锡							8081	8030	8291
徐州	1645	1524	4379	4738	4708	6308	6662	7208	8226
武汉	4939	5034	5278	5592	5409	6620	7602	7632	7701
马鞍山	2011	2393	3684	4697	4191	4826	5306	6809	7489
淮安									6508
扬州							4370	4841	6189
九江								4827	6030
铜陵		2405	2860	2872	3157	3914	4729	5507	5905
佛山							5423	5253	5474

附录3 全国沿海规模以上港口主要货物吞吐量统计（2005～2013年）

单位：万吨

年份	2005	2006	2007	2008	2009	2010	2011	2012	2013
合计	292777	342191	388200	429599	475481	548358	616292	665245	728098
石油、天然气及其制品	37637	39661	41718	44970	52685	60786	63982	63157	64298
煤炭及制品	63514	70468	81924	88949	94902	116258	136949	138102	150401
金属矿石	41963	51272	57967	67643	86569	93493	101537	111045	124328
非金属矿石	3962	5003	6339	6033	5846	7827	9272	8988	11697
矿建材料	24439	27597	24028	30228	31245	33379	38114	47348	52935
粮食	8590	8193	8591	9135	10483	12504	12176	14309	15835

附录4 全国内河规模以上港口主要货物吞吐量统计（2005～2013年）

单位：万吨

年份	2005	2006	2007	2008	2009	2010	2011	2012	2013
合计	101418	117510	138208	159481	221678	261822	295522	312228	336793
石油、天然气及其制品	10700	9046	8315	7705	9558	10420	10815	10680	11480
煤炭及制品	17223	20192	24394	28013	37384	48359	57399	61504	66898
金属矿石	15489	16147	20944	22812	27124	32783	36967	38942	42684
非金属矿石	4659	5375	6213	6971	8844	10718	12081	11638	11726
矿建材料	25056	31157	37008	47644	76910	87016	97543	102096	110206
粮食	1669	1480	1678	2243	3544	4357	4466	5685	6688

附录5　全国沿海主要港口外贸吞吐量统计（2005～2013年）

单位：万吨

年度	2005	2006	2007	2008	2009	2010	2011	2012	2013
总计	124166	145827	165631	178271	197922	226938	252318	303053	302431
宁波—舟山		18631	20236	23057	24515	27738	31611	34350	38416
#宁波	12845	14769	15785	16888	18179	20337	23034	24533	27628
#舟山	2623	3862	4451	6169	6336	7401	8577	9816	10788
上海	18492	21268	25574	27377	25814	30225	33778	35825	37706
青岛	14178	16833	19011	20665	22205	25541	26394	28502	30963
天津	12310	13966	16803	18245	19633	20709	22162	24326	26738
日照	5868	8185	9517	9980	12687	15204	16690	19832	21908
唐山		2851	3963	5477	10171	11395	14329	18941	21582
#京唐	1267	1752	1975	2334	4308	4125	4189	7313	8284
#曹妃甸		1099	1987	3143	5864	7270	10140	11628	13298
深圳	10642	12709	15354	16200	14344	17106	17503	17707	18174
大连	6377	7017	8214	8585	9778	10830	10672	11018	11767
北部湾港					5870	7195	8906	10517	11548
# 防城	1777	2236	2634	2968	4956	5662	6611	7276	10561
广州	6293	7727	8051	7942	8357	8992	9914	10968	11329
连云港	3893	4481	4983	5508	6606	7804	9158	9688	10599
厦门							8035	8486	9375
# 原厦门	3265	4188	4629	5394	5635	7082	7963	8442	9245
烟台		1916	3404	3792	4461	5697	7421	7246	8707
营口	2168	2308	2775	2685	3441	4868	5415	5066	6222
湛江					4587	4760	5464	5730	5974
福州						2720	3319	5281	5956

附录6　全国内河主要港口外贸吞吐量统计（2005～2013年）

单位：万吨

年度	2005	2006	2007	2008	2009	2010	2011	2012	2013
总计	10063	12061	14009	14288	18296	21025	23967	26831	29961
苏州	3386	4149	4718	4570	6084	8137	9846	10463	10949
南通	776	966	1882	2439	2860	2961	3114	3867	4538
镇江	1012	1216	1351	1162	1370	1546	1841	2133	2653
佛山					2178	2267	2206	2134	2247
南京	786	709	726	702	672	833	1062	1742	2204
江阴	649	888	1082	1099	1669	1292	1353	1433	1477
泰州	322	448	399	304	463	803	983	1047	1280
武汉	132	171	262	320	379	402	417	496	587
常州	253	229	180	202	322	342	391	391	534
重庆					277	288	350	409	448
#原重庆	119	188	217	252	194	239	296	321	256
江门						312	338	381	428
扬州	219	265	298	327	296	371	353	397	404
黄石	106	146	129	117	143	185	245	266	324
肇庆						150	199	273	272
岳阳						121	167	226	218
芜湖	73	104	154	173	110	139	163	156	190
九江									187
中山						242	203	172	185
梧州							106	151	168

附录7　全国主要港口集装箱吞吐量统计（2005～2013年）

单位：万TEU

年份		2005	2006	2007	2008	2009	2010	2011	2012	2013
沿海主要集装箱港口	总计	6988.8	8563.4	10449.6	11609.5	10990.8	13112.2	14595.6	15752	16901.5
	上海	1808.5	2171.9	2615.2	2800.6	2500.2	2906.9	3173.9	3252.9	3361.7
	深圳	1619.7	1847.0	2110.4	2141.6	1825.0	2251.0	2257.1	2294.1	2327.9
	宁波—舟山		713.5	943.1	1093.4	1050.3	1314.7	1471.9	1617.5	1735.1
	#宁波	520.8	706.8	935.0	1084.6	1042.3	1300.4	1451.2	1567.1	1677.4
	青岛	630.7	770.2	946.2	1002.4	1026.2	1201.2	1302.0	1450.3	1552.2
	广州	468.3	665.6	925.9	1100.1	1120.0	1254.6	1425.0	1454.7	1531.1
	天津	480.0	595.0	710.2	850.3	870.4	1008.6	1158.8	1230.3	1301.2
	大连	268.8	321.2	381.3	452.6	457.6	526.3	640.0	806.4	1001.5
	厦门							646.5	720.2	800.8
	# 原厦门	334.2	401.3	462.7	503.5	468.0	582.4	646.5	718.8	799.0
	连云港	100.5	130.2	200.3	300.1	303.2	387.1	485.2	502.0	548.8
	营口		101.1	137.1	203.6	253.7	333.8	403.3	485.1	530.1
	烟台		104.9	125.0	153.2	140.1	154.1	170.9	185.0	215.0
	日照						106.1	140.0	174.9	202.7
	福州		101.1	120.1	117.7	122.3	147.1	166.0	182.5	197.8
	泉州		83.9	101.9	120.7	125.1	137.0	156.9	169.7	170.1
	丹东									150.8
内河主要集装箱港口	总计	454.2	635.7	808.6	964.1	1217.1	1458.6	1725.1	1937.3	2040.4
	苏州	75.3	124.2	189.6	257.0	271.8	364.4	468.5	586.3	530.5
	佛山					292.3	306.0	291.7	266.7	275.0
	南京	60.5	80.0	105.6	129.2	121.2	145.3	184.2	230.0	266.9
	江阴		12.6	30.7	50.2	75.2	101.1	111.6	115.4	120.4
	重庆					51.8	56.4	68.4	79.6	90.6
	# 原重庆		27.1	35.1	43.5	51.8	42.2	50.5	56.0	66.0
	武汉		34.8	38.8	47.2	56.4	64.5	71.5	76.5	85.3
	肇庆						44.6	61.2	70.7	70.1
	南通	30.1	36.0	42.9	44.3	35.1	46.2	54.0	50.4	60.1
	江门						45.0	49.7	50.4	56.6
	扬州							40.0	40.1	50.5

附录8　全社会船舶货物运输量统计（2005～2013年）

年份	货物运输量(万吨)				货物周转量（亿吨公里）			
	合计	内河	沿海	远洋	合计	内河	沿海	远洋
2005	219648	105681	65418	48549	49673	2626	8495	38552
2006	248703	116090	78200	54413	55486	3025	9883	42577
2007	281199	129888	92408	58903	64285	3553	12046	48686
2008	294510	134679	117479	42352	50263	4152	13261	32851
2009	318996	156832	110431	51733	57557	4633	13400	39524
2010	378949	188579	132316	58054	68428	5536	16893	45999
2011	425968	210251	152175	63542	75424	6565	19504	49355
2012	458705	230187	162702	65815	81708	7639	20657	53412
2013	559785	323904	164725	71156	79436	11514	19216	48705

附录9　中国国民经济主要指标（2005～2013年）

年份	国内生产总值(当年价) GDP（亿元）	人口数 （万人）	对外贸易额(亿美元)		
			合计	进口	出口
2005	183868	130756	14221	6601	7620
2006	209407	131448	17607	7916	9691
2007	257306	132129	21738	9558	12180
2008	300670	132802	25616	11331	14285
2009	335353	133474	22073	10056	12017
2010	397983	133972	29727	13948	15779
2011	471564	134735	36421	17435	18986
2012	519322	135404	38668	18178	20489
2013	568845	136072	41600	19504	22096

附录10　主要运输方式全社会货运量统计（2005～2013年）

单位：亿吨

年份	合计	水运	公路	铁路	管道	民航
2005	186.21	21.96	134.18	26.93	3.10	0.03
2006	203.79	24.87	146.63	28.82	3.43	0.03
2007	227.58	28.12	163.94	31.42	4.05	0.04
2008	258.74	29.45	191.68	33.04	4.54	0.04
2009	282.42	31.90	212.78	33.3	4.4	0.04
2010	324.06	37.89	244.81	36.4	4.9	0.06
2011	369.36	42.60	282.01	39.3	5.4	0.05
2012	412.32	45.87	322.1	39.0	5.3	0.05
2013	410.00	55.98	307.66	39.7	6.6	0.06

注：铁路、民航、管道数据来源为国家统计局

附录11　主要运输方式全社会货物运输周转量统计（2005～2013年）

单位：亿吨公里

年份	合计	水运	公路	铁路	管道	民航
2005	80257	49672	8693	20726	1088	79
2006	88952	55486	9754	21954	1664	94
2007	101525	64285	11355	23797	1972	116
2008	110301	50263	32868	25106	1944	120
2009	122133	57557	37189	25239	2022	126
2010	141837	68428	43390	27644	2198	177
2011	159284	75424	51375	29466	2847	172
2012	174198	81708	59992	29187	3149	162
2013	168018	79436	55738	29174	3501	169

注：铁路、民航、管道数据来源为国家统计局

附录12 主要运输方式全社会客运量统计（2005～2013年）

单位：亿人

	合计	水运	公路	铁路	民航
2005	184.7	2.02	169.74	11.56	1.38
2006	202.42	2.2	186.05	12.57	1.6
2007	222.78	2.28	205.07	13.57	1.86
2008	286.79	2.03	268.21	14.62	1.93
2009	297.60	2.20	277.90	15.20	2.30
2010	327.01	2.24	305.27	16.80	2.70
2011	352.58	2.46	328.62	18.60	2.90
2012	378.98	2.58	354.30	18.90	3.20
2013	212.30	2.35	185.35	21.10	3.50

注：铁路、民航数据来源为国家统计局

附录13 主要运输方式全社会旅客周转量统计（2005～2013年）

单位：亿人公里

	合计	水运	公路	铁路	民航
2005	17467	68	9292	6062	2045
2006	19197	74	10131	6622	2371
2007	21593	78	11507	7216	2792
2008	23197	59	12476	7779	2883
2009	24834	69	13511	7879	3375
2010	27887	72	15021	8762	4032
2011	30964	75	16760	9612	4517
2012	33369	78	18468	9812	5011
2013	27574	68	11251	10596	5659

注：铁路、民航数据来源为国家统计局

附录14 中国出口集装箱运价指数（2013年）

月份	综合指数	香港	韩国	日本	东南亚	澳新	地中海	欧洲	东西非	美西	美东	南非	南美	波红	台湾
1	1120	772	609	765	876	1024	1359	1467	886	1086	1238	780	1093	906	822
2	1143	767	599	763	873	1043	1466	1504	891	1118	1272	778	1076	898	817
3	1115	773	603	752	868	1040	1414	1447	870	1080	1244	759	1021	941	789
4	1105	756	610	740	867	1045	1365	1403	866	1085	1220	741	924	1034	830
5	1075	764	619	752	841	1044	1242	1265	869	1103	1220	743	847	1126	819
6	1026	741	587	743	838	980	1263	1089	873	1088	1213	732	800	1116	816
7	1052	736	589	731	826	905	1471	1210	889	1084	1211	716	779	998	819
8	1116	708	662	788	833	839	1538	1470	886	1077	1224	716	756	937	815
9	1113	695	632	806	835	771	1498	1464	842	1059	1216	698	722	1069	783
10	1028	680	630	835	820	846	1248	1250	844	1012	1195	690	620	943	772
11	1031	652	614	816	818	961	1330	1301	821	959	1186	718	699	911	795
12	1061	660	639	800	812	975	1458	1369	832	973	1176	683	916	901	801

附录15　中国沿海（散货）运价指数（2013年）

月份	综合指数	煤炭									
		秦皇岛—广州	秦皇岛—福州	秦皇岛—宁波	秦皇岛—上海	秦皇岛—张家港	天津—上海	天津—镇江	黄骅—上海	京唐、曹妃甸—宁波	秦皇岛—南京
1月	1062	1044	852	1102	1311	1134	1216	1215	1040	1127	1137
2月	1053	1042	851	1080	1301	1122	1202	1203	1032	1116	1130
3月	1066	1053	861	1092	1320	1146	1219	1215	1044	1127	1152
4月	1070	1070	868	1089	1318	1141	1214	1216	1045	1121	1166
5月	1022	1053	856	931	1224	1108	1080	1125	921	1101	1098
6月	990	1029	843	892	1196	1056	966	1086	851	1076	1054
7月	968	971	831	863	1174	1030	971	1039	882	1045	1014
8月	1009	952	868	941	1260	1106	1048	1107	1011	1135	1067
9月	1135	1071	958	1151	1479	1253	1212	1291	1171	1324	1322
10月	1307	1260	1094	1434	1730	1453	1511	1533	1428	1564	1564
11月	1429	1369	1182	1561	1848	1531	1608	1713	1466	1681	1701
12月	1421	1353	1148	1480	1755	1490	1532	1634	1418	1598	1708

续上表

月份	粮食		金属矿石			成品油			原油		
	大连/锦州—广州	营口—深圳	青岛/日照—张家港	北仑—镇江	舟山—张家港	大连—广州	大连—南京	天津—温州/台州	宁波/舟山—南京	宁波—上海	广州—南京
1月	712	698	615	900	723	1108	1255	1587	1608	1597	1662
2月	699	687	619	889	711	1108	1247	1565	1608	1597	1662
3月	737	735	615	902	724	1108	1242	1554	1608	1597	1662
4月	762	760	612	905	745	1107	1241	1552	1608	1597	1662
5月	738	728	609	898	741	1108	1239	1549	1608	1597	1662
6月	707	698	605	896	736	1108	1229	1487	1608	1597	1662
7月	665	637	600	889	727	1108	1217	1421	1608	1597	1662
8月	709	696	610	903	736	1111	1217	1421	1608	1597	1662
9月	953	982	620	940	770	1115	1217	1421	1608	1597	1662
10月	1134	1123	708	975	910	1115	1217	1421	1608	1597	1662
11月	1293	1250	857	1262	1112	1149	1199	1395	1608	1597	1662
12月	1359	1317	1030	1271	1232	1149	1195	1388	1608	1597	1662

附　注

1. 除有特别说明外，报告中的各项统计数据均未包括香港、澳门特别行政区及台湾省。
2. 规模以上港口，指年吞吐量在1000万吨以上的沿海港口和200万吨以上的内河港口。